# 新融合

## 后"互联网+"时代
## 赢利模式创新

黄圣淘◎著

企业管理出版社
EMPH
ENTERPRISE MANAGEMENT PUBLISHING HOUSE

图书在版编目（CIP）数据

新融合：后“互联网+”时代赢利模式创新 / 黄圣淘著. -- 北京：企业管理出版社，2017.9
ISBN 978-7-5164-1522-1

Ⅰ. ①新… Ⅱ. ①黄… Ⅲ. ①互联网络—商业模式—研究 Ⅳ. ①F713.360

中国版本图书馆CIP数据核字（2017）第118150号

书　　名：新融合：后“互联网+”时代赢利模式创新
作　　者：黄圣淘
选题策划：周灵均
责任编辑：周灵均
书　　号：ISBN 978-7-5164-1522-1
出版发行：企业管理出版社
地　　址：北京市海淀区紫竹院南路17号　　邮编：100048
网　　址：http://www.emph.cn
电　　话：编辑部（010）68456991　　发行部（010）68701073
电子信箱：emph003@sina.cn
印　　刷：北京宝昌彩色印刷有限公司
经　　销：新华书店
规　　格：170毫米×240毫米　16开本　11.5印张　150千字
版　　次：2017年9月第1版　2017年9月第1次印刷
定　　价：40.00元

# 前言

## 后“互联网+”时代，传统企业的转型与升级

当下，平台思维、用户至上、粉丝经济、线上线下模式等，互联网思维的潮水，仿佛一瞬间把传统企业优质的产品、满意的服务、高超的资本运作手段的光环给淹没了，传统企业的互联网转型到了非转不可的时刻。

可以这么说，无论是行业格局，还是商业模式、产品策略、渠道运营、员工管理等，传统企业都面临着巨大的挑战。

这是一个互联网改变一切的时代！

互联网技术的发展已经影响了各行各业，其中包括传媒行业、消费电子行业、道路运输业（打车）、教育行业、金融行业、医疗与餐饮行业等。可以说，越来越多的“互联网思维+某某行业”的模式应运而生。

在传统纸媒领域，互联网思维所带来的最直观的感受便是读报人数急剧减少，而数字报纸、网络信息的阅读量呈几何式增长。众多老牌的报纸或是破产倒闭，或是积极寻求转型，出版数字报纸、网上付费订阅、开发手机和平板阅读软件等，这一系列

措施均是互联网思维的体现。

在电子书领域，美国亚马逊以成本价销售电子书阅读器，辅以低廉的付费阅读书籍，既颠覆了传统的买纸质书阅读的方式，也改变了出版行业的运作模式。

在餐饮领域，雕爷牛腩餐厅在不到一年的时间内红遍了北京，知名度覆盖全国。其前期的宣传模式借鉴了互联网游戏的“封测”做法，邀请各路美食达人、影视明星前去试吃，既吊足了普通百姓的胃口，也做足了宣传。

在顾客维护方面，大众点评网和微信公众号的使用，既赚到了良好的口碑，也能及时获知顾客的意见和反馈，做到了传统餐饮企业所达不到的响应速度和营销效果，而这一切，亦是互联网思维的创新之处。

在打车领域，“滴滴打车”和“快的打车”两款打车软件，彻底改变了人们的打车方式，附近多少米范围有空车，多久可以到达，等等，一系列信息都能通过手机实时获得，甚至还能通过和司机讨价还价的方式应对各种特殊的打车需求，如位置偏远、紧急订车等。互联网思维在这里不但颠覆了司机的接客方式，也极大地便利了人们的出行。

实际上，互联网思维的应用是极其广泛的，不管是最为传统和古老的农业，还是离互联网最近的IT行业；不管是与我们生活息息相关的餐饮、医疗等行业，还是传统家电制造业，互联网思维都在迅速颠覆着已有的商业模式。

腾讯创始人马化腾认为，互联网渗透的行业不会是一个独立于实体经济之外的行业，而是像水和电一样深深融入社会每个角落，让每个行业和组织都以更高的效率运行。

如今，是后“互联网+”时代，互联网正在与传统产业深度融合，以一种摧枯拉朽的态势重塑当下的经济结构与面貌。一些曾经被认为是牢不可破的惯例正在一一被打破，一些传统的商业模式和服务手段正在被颠覆，一些旧的规则正在被新规则取代，新常态逐步建立。新兴企业在寻找新的发展窗口，传统企业也意识到危机临近，希望通过变革来再铸辉煌。

对于企业的转型，无非有两种情况：第一种是被迫转型。当问题集中到不能解决的时候，倒逼企业转型。这种转型成本是很高的，也是痛苦的，但不“手术”必须死亡。第二种是预见式转型。企业领导人的战略洞察能力极强，而这种企业家是稀缺的，比如IBM当年把PC业务卖给联想，就是在PC机快不值钱的时候提前卖了个高价，IBM提前完成转型，非常成功。但这种企业家在全世界也是凤毛麟角。

那么问题来了，面对消费主体的蜕变，消费主权的移交，消费行为的集体迁徙，免费模式的横行，跨界颠覆的肆虐……，那些处于互联网浪潮中的传统企业，该如何拥抱互联网？怎样用互联网思维武装自己？

华为公司轮值CEO胡厚崑认为：“在互联网的时代，传统企业遇到的最大挑战是基于互联网的颠覆性挑战。为了应对这种挑战，传统企业首先要做的是改变思想观念和商业理念。要敢于以终为始地站在未来看现在，发现更多的机会，而不是用今天的思维想象未来，仅仅看到威胁。”

传统企业的互联网转型主要有三个方面：商业模式、管理模式与营销模式。只有做好了这三个方面，才能真正从传统企业转变为成功的互联网企业，并能紧追互联网时代的潮流，立于不败之地！

编者

2017年7月

# 目录

# 第一篇

## 传统企业的互联网转型与升级——商业模式

传统企业商业模式的互联网转型与升级，主要有三种：平台型商业模式、免费商业模式、O2O商业模式。这三种模式是未来互联网商业模式发展的主旋律。

# 第一章



## 平台模式：要么创造平台，要么被平台化

互联网的世界是无边界的，市场是全国乃至全球。平台型商业模式的核心是打造足够大的平台，产品更为多元化和多样化，更加重视用户体验和产品的闭环设计。

无论一个互联网公司推出什么业务及应用，都必须具有可扩散、可传播、便于被更多用户选择的特点。只有足够多的用户使用，这个移动互联网应用的规模经济才能得以体现。从平台型商业模式的角度看，平台需要能够实现用户规模的正反馈发展，也即用户足够多的时候，会不断吸引更多的人加入。

## 第一节　什么是互联网平台模式

随着互联网技术的发展，互联网平台模式是传统企业或者互联网企业发展的必然选择，比如淘宝网、京东、苏宁易购这些购物平台，还有去哪儿、携程等旅游网络平台。所谓互联网平台模式，就是在当前的后“互联网+”时代背景下，构建多主体共享的商业生态系统，并且产生网络效应，实现多主体共赢的一种战略。

平台的消费关系具体表现为：平台上卖方越多，对买方的吸引力越大；同样，卖方在考虑是否使用这个平台的时候，平台上买方越多，对卖方的吸引力也越大。比如，天猫购物平台，每年的“双十一”购物声势浩大，喜报连连，这一天以成交千百亿元的数额创造销售奇迹。

我们来看一下几个网络平台的赢利模式。

### 1. 百度平台的赢利模式

百度成立于2000年1月，短短十几年的时间，资产达到几百亿美元，如此成就靠的就是百度平台的赢利方式。百度创始人李彦宏是目前世界上唯一拥有几亿网页搜索技术专利的人，其搜索技术是目前最先进的。

百度平台的主要赢利模式如下：

（1）搜索集合竞价。

（2）为其他的网站提供搜索服务，如搜狐、新浪、236等，为其提供搜索专利服务，每年获取巨额利润。

（3）百度与政府部门以及事业单位合作，为他们提供技术上的支持及服务，获得利润。

（4）广告获取利润。

（5）百度的品牌效益已达到100亿元。

（6）百度还通过融资，引进大量资金进行其他的商业活动，获得丰厚的商业利润。

百度主要靠竞价排名服务赢利，这是很大的一笔收入，其实整个搜索引擎行业主要都是靠这个赢利的，包括美国的Google公司。

比如你在百度搜索“电动车”，第一个页面从上往下排列的各个搜索项，每一项下面有“推广”字眼的，就是竞价排名服务。竞价排名是百度首创的一种按效果付费的网络推广方式，用少量的投入就可以给企业带来大量潜在客户，有效提升企业销售额。

每天有超过 1 亿人次在百度查找信息，在百度注册与产品相关的关键词后，企业就会被查找这些产品的客户找到。竞价排名按照给企业带来的潜在客户访问数量计费，企业可以灵活控制网络推广投入，获得最大回报。

## 2. 搜狐平台的赢利模式

搜狐平台的主要赢利模式如下：

（1）广告收入。

（2）服务功能收费。

（3）电子商务，如网上销售、会员收费制或交易额提成。

（4）与传统媒体行业的合作，通过网站的增值服务进行收费。

（5）搜索竞价收费。

（6）信息内容收费。

（7）移动增值业务（短信）、图铃下载收费。

（8）付费网络游戏。

（9）网上咨询及教育收费。

（10）网上社区及交友收费。

（11）招聘类网站，收取企业会员费，在线广告、在线游戏和无线业务是搜狐主要的赢利模式，它们无疑是搜狐的生存法宝。

综上所述，搜狐的赢利模式是多元化的，为了赢利，搜狐学会了在市场中寻找利润的源头，寻找足够数量的对企业有价值的消费群，他们不再把自己看作是可以为所有消费者提供所有产品和服务的门户网站，而是在众多的消费群体中，选择更有价值的消费群体，为这些消费群体量身定做他们所需要的产品，这是他们赢利的基本前提：“有限客户，深度服务”。

## 3. 淘宝平台的赢利模式

淘宝是中国C2C老大，通过免费策略把国外来的Ebay打跑了。在淘宝平台上开店，交易不收费，那么靠什么赢利呢？

淘宝平台的主要赢利模式如下：

（1）人就是资源。现在活跃在淘宝网上的店主上百万，更有几千万注册会员，这本身就是一种资源，通过交易分析其消费行为、购买情况、流行趋势等，这些数据都可以卖给需要的公司。

（2）广告收入。

（3）竞价排名赢利。你的淘宝小店开得时间久了，客户也在不断积累，但既然是C2C，消费者个人间的电子商务行为，那么自然是终端用户比较多，比如买衣服的，你当然希望他能多买你几件，或者再多几个人看到你的店，这时候淘宝的策略是，谁出的钱多，就给谁的店排名靠前一点，你愿不愿意付这个钱呢？

- 举办活动吸引赞助商赢利。淘宝上进场举办一些活动，其中就吸引了不少赞助商，淘宝从中得利也是不少。

- 支付宝融资。支付宝和淘宝合起来其实就成了淘宝的一个融资机构，类似于银行，只是比银行简单。我们在淘宝上通过支付宝交易，把钱汇到支付宝，支付宝把我们的资金收集起来进行投资赢利。

## 4. 阿里巴巴平台的赢利模式

阿里巴巴等B2B的赢利模式基本上都是以下几种：

（1）会员费。企业通过第三电子商务平台参与电子商务交易，必须注册为B2B网站的会员，每年要交纳一定的会员费，才能享受网站提供的各种服务，目前会员费已成为我国B2B网站最主要的收入来源。

（2）广告费。网络广告是门户网站的主要盈利来源，同时也是B2B电子商务网站的主要收入来源。

（3）竞价排名。企业为了促进产品的销售，都希望自己在B2B网站的信息搜索中排名靠前一些，而网站在确保信息准确的基础上，根据会员交费的不同对排名顺序做相应的调整。

（4）增值服务。B2B网站通常除了为企业提供贸易供求信息以外，还会提供一些独特的增值服务，包括企业认证、独立域名、提供行业数据分析报告、搜索引擎优化等。

（5）线下服务。主要包括展会、期刊、研讨会等。通过展会，供应商和采购商面对面地交流，一般的中小企业还是比较青睐这个方式。期刊主要是关于行业资讯等信息，期刊里也可以植入广告。

（6）商务合作。包括广告联盟，政府、行业协会合作，传统媒体的合作，等等。广告联盟通常是网络广告联盟，亚马逊通过这个方式已经取得了不错的成效，但在我国，联盟营销还处于萌芽阶段，大部分网站对于联盟营销还比较陌生。

（7）按询盘付费。区别于传统的会员包年付费模式，按询盘付费模式是指从事国际贸易的企业不是按照时间来付费，而是按照海外推广带来的实际效果，也就是海外买家实际的有效询盘来付费。其中询盘是否有效，主动权在消费者手中，由消费者自行判断，来决定是否消费。

尽管B2B市场发展势头良好，但B2B市场还是存在发育不成熟的一面。这种不成熟表现在B2B的许多先天性交易优势，比如在线价格协商和在线协作等还没有充分发挥出来。因此传统的按年收费模式不断受到以ECVV为代表的按询盘付费平台的冲击。

按询盘付费有四大特点：零首付、零风险，主动权、消费权，免费推、针对广，及时付、便利大。广大企业不用冒着“投入几万元、十几万，一年都收不回成本”的风险，零投入就可享受免费全球推广，成功获得有效询盘后，辨认询盘的真实性和有效性后，只需在线支付单条询盘价格，就可以获得与海外买家直接谈判成单的机会，主动权完全掌握在供应商手里。

互联网的平台思维就是开放、共享、共赢的思维。平台模式的精髓，在于打造一个多主体共赢互利的生态圈。将来的平台之争，一定是生态圈之间的竞争，单一的平台是不具备系统性竞争力的。

比如，百度、阿里、腾讯、搜狐等互联网巨头围绕搜索、电商、社交各自构筑了强大的产业生态。可以说，高效的价值传递功能，是平台模式崛起的关键所在。当今网络社会，谁能把产品、服务更加有效地传递给顾客，谁就最终能在市场竞争中掌握控制权。

## 第二节　如何打造平台模式

互联网平台模式的世界是无边界的，市场是全国乃至全球。平台型商业模式的核心是打造足够大的平台，产品更为多元化和多样化，更加重视用户体验和产品的闭环设计。

京东是目前中国最大的自营电商企业。自营电商的崛起，为我国众多新型企业提供了一个可靠又强大的展示平台，为创新型企业今后的发展奠定了雄厚的基础。对于消费者来说，好的平台就相当于一个有效的屏障，是过滤安全隐患的一大防护网，有效地保障了其利益。

从2012年开始，移动互联网进入飞速发展的阶段，涌现出无数的新事物，依靠的就是社会大趋势。购物不出户，吃饭不下楼，让网购和外卖火起来，去除了电脑和网线的牵连，移动互联网真正发展的时候来了。

怎样打造平台模式呢?

首先要让平台自己活起来。有一种生态球，里面养着水草和鱼，球是完全密封的。如果把球放在阳光底下，鱼和水草就都可以生存，水草通过光合作用为鱼提供氧气，鱼通过呼吸为水草提供二氧化碳，球中生态得以达到一个平衡。如果把生态球放到阴暗处呢？在不久的时间内，草死、鱼亡、水臭。

我们把生态球比成平台经济模式，把球里的水比作平台，水草比作商家，鱼比作消费者，商家和消费者各取所需，这是一个完美的生态圈，而这个生态圈的外部环境就是阳光。

实际上，平台为合作参与者和客户提供一个合作与交易的软硬件相结合的环境；平台模式则通过双边市场效应和平台的集群效应，形成符合定位的平台分工。在这个平台上，众多参与者通过明确的分工，都可以做出自己的贡献。每个平台都有一个平台运营商，它负责聚集社会资源和合作伙伴，为客户提供好的产品，通过聚集人气、扩大用户规模，使各参与方受益，达到平台价值、客户价值和服务价值的最大化。

互联网平台模式要想健康运营，取得成功，应具备以下六个必要条件。

### 1. 平台模式的开放性

平台模式具有开放性特征，也就是对合作伙伴开放。合作伙伴越多，平台就越有价值，如淘宝网、亚马逊等就是典型。

### 2. 双边市场

平台模式具有双边市场和网络外部性特征。作为双边市场的平台模式，平台企业为买卖双方提供服务，促成交易，而且买卖双方任何一方数量越多，就越能吸引另一方数量的增长，其网络外部性特征就能充分显现；卖家和买家越多，平台就越有价值。

如淘宝，一边是卖家，另一边是买家；此外，农贸市场、人才市场、App Store等都是双边市场。

### 3. 大量的客户资源

市场中有大量（潜在）买家和卖家需要对接，也就是说平台要有聚合力。

### 4. 具备核心竞争力

平台企业至少具有一项对于行业来讲是稀缺的且具有竞争力的核心能力或核心应用，包括资金、品牌、关键技术、渠道以及核心应用，比如新浪的微博、奇虎360的安全卫士、阿里巴巴的电子商务、腾讯的微信和QQ等。

### 5. 合作而非竞争的关系

平台企业与其合作伙伴没有直接的竞争关系，二者应当具有不同的赢利模式和市场目标。

### 6. 扶持合作伙伴

通过开放平台扶持合作伙伴。平台企业通过打造开放平台、扶持合作伙伴等策略，能为合作伙伴和第三方开发者带来利益。

移动互联网的市场情况完全符合以上六项基本条件，所以在互联经济的背景下，打造平台化模式，是市场发展的必然选择。目前，互联网平台模式出现在社交网络、电子商务、移动通信、搜索引擎、线上游戏等诸多领域，并呈现出快速发展之势。

在全球最大的100家公司中，有60家公司大部分收入来自平台模式的构建。在网络外部效应的推动下，平台上往往出现规模收益递增现象，强者可以掌控全局，赢者通吃，而弱者只能瓜分残羹冷炙。

## 第三节 平台模式的战略定位

可以说，在后“互联网+”时代，做平台几乎是每一个有企图心的企业的梦想。平台处于产业链的高端，不但收益丰厚、主动权大，在竞争中也会处于较为有利的位置，往往可以号令天下而莫敢不从；另一方面，平台模式是一种让所有合作者共赢，经营越久、价值越大的商业模式。

是不是所有的企业都可以制定平台战略呢？答案是否定的。任何事情都有它的两面性。虽然平台模式如此诱人，但平台战略也是最难成功的一个战略。

首先，并不是每一个企业都适合选择平台战略。选择平台战略的企业，往往需要有大规模的用户，至少需要获得同行中规模第一的用户，这是一个极大的挑战。互联网平台的基础是大规模的用户量，这就要求平台的一切必须以更好地满足用户的需求为导向。

任何行业要在一个蓝海市场中做到用户规模第一，不仅需要有过硬的产品，还需要有契合用户强烈需求的市场机缘，甚至需要找到行之有效的市场推广手段，从某种角度说是可遇而不可求的。

其次，选择平台战略的企业需要提供给用户有着巨大黏性的服务。一般而言，只要为用户提供一个强需求产品就足以成功，但是如果想做成平台，仅仅靠给用户提供产品是远远不够的。这类企业必须是服务型企业，而且应该服务于用户的硬需求。实际上这类服务是屈指可数的，竞争之激烈可想而知。

最后，选择平台战略的企业需要有合作共赢、先人后己的商业理念。很多企业习惯于“吃独食”，企业但凡有点儿实力，便希望产业链上下游都由自己来做，所有利润自己通吃，这种思路是做不成平台的。所谓平台，是为别人搭建的，是让别人来赚钱的。只有在平台上经营的合作伙伴良性成长，平台才能生存和壮大；只有让合作伙伴赚大头、自己赚小头，才能做成所有合作伙伴的平台。如果没有这个理念，便不可能做成平台。

在构造平台战略的过程中，创业者需要审时度势。

海尔总裁张瑞敏对平台型企业的理解是，利用互联网平台，企业可以放大，其原因：一是这个平台是开放的，可以整合全球的各种资源；二是这个平台可以让所有的用户参与进来，实现企业和用户之间的零距离。在后“互联网+”时代，用户的需求变化越来越快，越来越难以捉摸，单靠企业自身所拥有的资源、人才和能力很难快速满足用户的个性化需求，这就要求打开企业的边界，建立一个更大的商业生态网络来满足用户的个性化需求。通过平台以最快的速度汇聚资源，可以更好地满足用户多元化的个性化需求。所以平台模式的精髓，在于打造一个多方共赢互利的生态圈。

对于传统企业来说，不要轻易尝试做平台，尤其是中小企业不应该一味地追求大而全，做大平台，而是应该集中自己的优势资源，发现自身产品或服务的独特性，瞄准目标用户，发掘出用户的痛点，设计好针对用户痛点的极致产品，围绕产品打造核心用户群，并以此为据点快速地打造一个品牌。

要“顺势而为”，如果时代发展赋予我们做平台的机会，我们就应该摆正理念，设计好符合平台的商业模式，把握机遇，深入实施平台战略，做一个在用户心中占有一席之地的平台；否则我们就踏踏实实做一个垂直服务企业，用好平台。

传统企业在互联网转型过程中，当不具备构建生态型平台实力的时候，就要思考怎样利用现有的平台。马云说：“假设我今天是‘90后’

重新创业，前面有个阿里巴巴，有个腾讯，我怎么办？第一点，我该如何利用好腾讯和阿里巴巴，我不会去想我会跟它去挑战，因为今天我不具备这个能力，心不能太大。”

互联网巨头的组织变革，都是围绕着如何打造内部“平台型组织”，包括阿里巴巴25个事业部的分拆、腾讯6大事业群的调整，都旨在发挥内部组织的平台化作用。

## 第四节 打造基于商业模式的开放平台

在瞬息万变的后“互联网+”时代，涌现出一批又一批的“天之骄子”的企业，它们获利于新颖的商业模式所带来的竞争优势。比如，苹果公司以iPhone为代表的智能手机的出现，终结了诺基亚连续15年稳居全球手机市场销量第一的历史。

怎样打造基于商业模式的开放平台是所有平台化战略企业关注的焦点。我们知道，平台的经济功能实质上就是提供或实体或虚拟的交易环境，从而降低消费市场中各方寻找交易伙伴的成本。

苹果公司的平台助推了苹果公司神话般的存在。

在苹果的平台上，存在着三种类型的角色：

作为中介平台的苹果公司，终端顾客主要包括iPod用户、iMac用户、iPhone用户及iPad用户，以及各种内容提供商主要包括数字媒体（音频和视频）提供商、手机和电脑应用软件开发商及为数不多的广告商。

苹果公司为终端顾客提供电子设备和部分软件的过程，就是其创造价值的过程。同时，苹果公司还为软件开发商和广告商提供各种形式的服务，这也是一种创造价值过程。大量数字媒体和通信电子设备的应用软件，通过苹果这一平台向终端顾客传输的过程，就是苹果完成媒体供应商、软件开发商与终端顾客之间价值传递的过程。

苹果公司对来自终端顾客的货币支付与媒体供应商、软件开发商之间按照一定比例进行分成（如与软件开发商就顾客的付费下载以3：7比例进行分成）的过程，就是价值分配过程，同时也是价值实现过程。

由此可以看出，平台模式本质上是一种商业模式，但是与传统企业的商业模式存在着较大差异，具有自身的特殊性。

在传统的商业模式下，企业为顾客提供产品或服务，顾客为获取产品或服务而支付货币。这种价值逻辑表现为“企业←→顾客”，企业为顾客提供的产品或服务；企业将产品或服务提供给顾客的过程也就是价值传递过程，顾客的货币支付转化为企业的价值实现。显然，这是一种简单的自上而下的线性价值逻辑。

平台模式的价值逻辑则复杂得多。

首先，平台模式下价值逻辑的主体至少包含平台企业、内容提供商和终端顾客三类性质不同的角色：内容提供商为终端顾客提供产品、服务，而平台企业则是为促成内容提供商与终端顾客之间的交易而提供服务。

其次，这些角色之间的关系也非常复杂。内容提供商与终端顾客之间是买卖关系，但通常几者之间不能直接进行交易，因而需要借助平台企业才能提高交易的效率和范围。

对于平台企业而言，平台两边的内容提供商和终端顾客是两类性质不同的顾客，且这两类顾客之间存在交叉网络效应，任何一边的强大会吸引另一边的膨胀，而任何一边的缺失都会导致平台的瘫痪，三者之间构成了一个相对独立的闭环系统。

在平台模式下，价值传递却成了平台模式的关键与核心。苹果iPod播放器之所以能一举打败当时市场的先锋，根本原因并不在于苹果播放器具有独特外形与高贵音质，而在于苹果搭建了一个能有效地把数字音乐传递给音乐爱好者的iTunes平台，大大提高了价值传递效率。

在后“互联网+”时代，消费者的主体意识开始苏醒，“草根”的力量成为商家不容忽视的存在。消费者资源成为启动产业链条的资本，谁能掌握它也就具备了将其他资源纳入整个运营体系的条件，一切以用户为依归引导着创新的走向。

后“互联网+”时代下，商业模式的颠覆可以把原来很贵的东西变得很便宜，或者把原来收费的东西变成免费，也就是说围绕客户的需求做更多细节的变化。传统企业互联网平台模式的转型中，耐克成为名副其实的轻资产公司，就是围绕自身产业链的定位所做的变革；围绕挖掘消费者能动性的变革，借助网络正外部性，让消费者体会参与其中的价值，如团购网站、开放平台、众筹众包业务都充分发动了消费者的力量。

中国电子商务进入稳定发展期是2000年以后的事情，短短10余年间，电子商务已经由一片“蓝海”成为厮杀激烈的“红海”。综观天猫、京东、唯品会、聚美优品等B2C电商企业，一个集体的思路是后进企业先以差异化切入市场，站稳脚跟之后往综合平台方向发展。

唯品会看准我国折扣零售市场的成长空间，在服装和鞋包领域成功打造了限时抢购和品牌折扣的经营模式，一跃成为网上特卖市场的龙头老大；聚美优品的崛起则更带有“明星企业”的色彩，把消费群体定位在年轻爱美的时尚女性，以名牌化妆品限时折扣特卖模式在电商领域做出了口碑；当当则把书城搬到了网上。互联网打造出一个虚拟的无所不包的大市场，而这个虚拟市场和现实当中的市场并无本质差别，只是互联网经济更是一种眼球经济，省略了消费者来往消费的成本，代之以数据流量在整个网络空间穿梭，这个跨时代的变化打破了“商业口岸永远是第一位”传统零售思维，创造出一条生机勃勃的产业链。

虽然阿里巴巴已经打造出一个占绝对垄断优势的商业帝国，但是现实的行业情况是依旧有新电商企业源源不断地入驻，凭借商业模式上的突破获得了成功。我们认为原因在于：大而全的平台固然有竞争力，但是大而全难保大而优，消费者的需求层次必将经历从低级到高级上升的过程，从以淘宝为代表的C2C模式网购交易额下滑、B2C市场高速发展可见这一趋势。这种消费者需求层次的进阶也给细分领域的新企业存活的机会，唯品会专注品牌尾货，聚美优品专做化妆品，京东在3C数码领域赢得了口碑。网络中的长尾效应引导后进企业从细分市场切入，在每一个细分领域迅速成长起来，让专业化形成创业初期的竞争优势。

当一个电子商务品牌培育成熟后，后期的商业模式开始基于资源整合的角度往全平台方向发展。其原因如下：

一家电子商务企业的价值取决于用户黏性，差异化切入市场的策略让后进企业能在短时间内维持一定优势，但是这种专业化优势带来的盈利毕竟有限，从长远来看无法带来价值递增的效果。电子商务产品的出现一方面节省了人们的时间成本，但另一方面也迎合了人类懒惰的天性，在天性驱使下，消费者对品类齐全的大平台依赖度越来越高，黏性越来越大，平台锁定越来越强，小平台的价值空间就会不断收缩，马太效应在互联网行业发生着作用。

以国内盛极一时的母婴垂直电商品牌“红孩子”为例，2004年以“目录+网络”的营销模式快速切入母婴用品B2C市场，在母婴细分领域几乎不存在竞争对手，然而在2014年还是以6600万美元的价格并入苏宁旗下。苏宁的优势是家电数码产品，目前也在积极地往全平台方向布局，“红孩子”的加入，完善了苏宁在母婴和化妆品领域的产品线。

“红孩子”和苏宁的合体也暗示了电子商务行业未来的一个走向，全行业资源整合的力度将会进一步加大。

## 第五节 传统融资模式到互联网融资平台的转型

在互联网知识经济时代，最重要的企业经营战略是融资战略。

知识经济时代，企业产业化发展显得十分重要，企业的生存和发展，资本扩张必不可少，由于金融环境问题导致大多数企业领导人习惯于产品运作，资本运作在自己的知识能力结构中成为盲区，常常面临一分钱憋死英雄汉的难堪局面。

在企业的实际运作中，企业对股票上市、银行贷款、风险投资已经深谙其道，但对真正意义上的资本扩张战略或者形如众筹的创新融资一般较为陌生。从发展的角度来看，资金对每个企业都是稀缺资源，而企业的生产经营、资本经营和长远发展时时刻刻又离不开资金。因此，如何有效地进行融资就成为企业一项极其重要的战略。

融资战略是指企业为了有效地支持投资所采取的融资组合。融资战略选择不仅直接影响企业的获利能力，而且还影响企业的偿债能力和财务风险。

融资战略是企业经营战略的核心。搞好企业的融资战略，可以降低企业的融资成本，实现企业的理财目标，提高企业的经济效益。因此，分析融资环境，选择企业的融资方式，衡量融资成本和融资风险，实现融资结构的最优化，已经成为企业融资战略思考的重点。

许多人害怕贷款，他们宁愿靠自有资金滚雪球式地慢慢发展，也不愿向外界借一分钱。如果行业的变化趋势比较缓慢，这种经营理念不算保守，但如果处于互联网这样的行业里面，这样的经营理念就会给公司带来风险。

实际上，过于保守，完全靠自身资本积累，不敢进行融资，这类企业在现实中占有很大的比例。通常来说，中小企业在“一次创业”时，由于规模小，多数企业可以自行解决资金投入问题；但“二次创业”则是要转变经济增长方式，实现可持续发展，需要采用新工艺、新技术、新设备，需要大额资金，这时完全依靠“一次创业”时所积累的资金，则根本不可能进行“二次创业”，而许多中小企业过于保守，不愿再承担风险，最终走上衰败的轨迹。

我们从很多企业的上市之路中，都能体会到融资的重要性。企业能不能获得稳定的资金来源、及时融到资金，对经营和发展都非常重要。这也是企业遇到的最大困境，尤其是刚起步的创业者。在创业阶段，90%以上的初始资金都是由创业者、创业团队或家庭成员提供的。任正非刚创业时的2万多元，也是他和其他合伙人一起筹集的。

企业在不同的阶段，接受投资的方式也不一样。在创业初期，可能会有朋友亲戚的帮助，随着企业的发展、项目的扩大，需要大规模的商业化运作时，就需要投资人介入。

融资是企业跨不过去的一道坎。不管是大型企业还是刚起步的创业者，都离不开资金的支持。IT创业更为明显，因为刚开始肯定要“烧钱”提升知名度，这时如果没有强大的资金作为后盾，企业根本就不可能发展下去。

有时，融资也是提升企业竞争力的一种手段。同样做研发的两家公司，一家资金充足，另一家资金短缺，哪一家会占领市场上的优势地位呢？当然是资金充足的那一家。只有资金充足，才能更好地“玩转”企业，创造更大的利润价值。

互联网众筹融资平台改变了传统融资模式的格局。

其实我们对众筹并不陌生，古今中外，无论是美国的自由女神像，还是中国古代捐钱建寺庙，都是众筹的典型例子。由此可见，众筹就是大众筹资的意思。

现代众筹指的是通过互联网方式发布筹款项目，并募集资金。众筹重视“参与感”以及精神层面的需求，具有羊群效应。明星企业往往不缺钱，但是投资方反而更多，这就是羊群效应。

众筹就是大众筹资，由发起人、跟投人、平台构成，具有低门槛、多样性、依靠大众力量、注重创意的特征，是指一种向群众募资，以支持发起的个人或组织的行为。

众筹模式其实是一种互联网金融模式。众筹项目多通过互联网发布筹款项目并募集资金，相对于传统的融资方式，众筹更为开放，只要是大家喜欢的项目，都可以通过众筹这种方式获得项目的启动资金，为更多小本经营或创业的人提供了无限可能。

众筹模式正在成为我国中小企业重要的融资模式。

第一，众筹模式助力个人创业者。对于众筹发起方而言，门槛较低，不论身份、地位、职业、年龄、性别，只要你的项目有创意，只要你具有创造能力就可以发起项目，通过众筹方式获得项目启动资金。对于在传统融资模式中很难获得资金的个人创业者而言，众筹模式为他们提供了更快捷地获得成本更低的资金的可能，为他们实现自己的创业梦开辟了一条蹊径。

第二，众筹模式有助于创业者预知市场需求和实现廉价的市场推广。在众筹模式中，发起者的项目在众筹平台推出后，支持者可以提出对于项目的看法和意见，帮助发起者完善项目，预知市场需求。此外，众筹平台主要功能除了项目审核、平台搭建外，还可以为创业者提供营销推广、产品包装和销售渠道等服务，创业者通过众筹模式不仅可以实现融资也可以推广自己的项目。

第三，众筹模式将为我国中小企业融资开辟新路径。我国的中小企业，尤其是文化创意产业相关的中小企业一直面临着“融资难”的问题。在传统的融资模式下，受到产品的无形性、知识产权评估难、企业固定资产有限等一系列问题的阻碍，这些企业无法或者很难获得银行贷款，同时也达不到上市的要求，很难获得PE等其他融资模式的青睐，“融资难”问题一直没能得到很好的解决。

众筹模式突破了传统融资模式的诸多限制，让中小企业的项目可以在更广阔的平台中筹得资金，解决中小企业“融资难”的问题。

随着众筹的火热，中国的互联网巨头们也纷纷将触手伸向了这块大蛋糕。

中国互联网三大巨头BAT——百度公司（Baidu）、阿里巴巴集团（Alibaba）、腾讯公司（Tencent）几乎无人不知。中国互联网发展近20年，近10年被百度、阿里巴巴、腾讯三家公司所主导。面对众筹行业这样一个香饽饽，BAT没有理由不涉及。百度以影视为立足点搞起了百度众筹，阿里巴巴有淘宝众筹平台，腾讯有京东众筹。BAT以敏感的嗅觉，闻到了众筹爆发前夜的味道。

众筹一般通过互联网方式发布筹款项目并募集资金，目前主要分为四类：回报型众筹、债权型众筹、募捐型众筹、股权型众筹。

相对于传统的融资方式，众筹更为开放，能否获得资金也不再是由项目的商业价值作为唯一标准。众筹的方向具有多样性，在国内的众筹网站上的项目类别包括设计、科技、音乐、影视、食品、漫画、出版、游戏、摄影等。只要是网友喜欢的项目，都可以通过众筹方式获得项目启动的第一笔资金，为更多小本经营或创业的人提供了无限的可能，因此也被称为“普通人逆袭成功”的重要平台，吸引着许多正在创业的年轻人的目光。

正如马云所说：梦还是要有的，去做！

# 第二章



# 免费模式：传统企业互联网化的必然选择

互联网行业从来不打价格战，它们一上来就免费。传统企业向互联网转型，必须要深刻理解这个“免费”背后的商业逻辑的精髓到底是什么。

互联网极大地降低了信息的传播成本，这是免费模式的基石所在，同时在信息传播成本无限趋近于零时，又极大地抬高了信息选择成本，这又是免费模式赢利的基石所在。比如，淘宝对于商铺免费，由于没有商铺租金，产品可以便宜很多，商家可以低成本、高效率地销售；但是随着商家的增加，要在海量信息中获得用户选择就变得困难，必须要不断地投入才能获得用户。

后“互联网+”时代是一个“信息过剩”的时代，也是一个“注意力稀缺”的时代，怎样在“无限的信息中”获取“有限的注意力”，便成为后“互联网+”时代的核心命题。注意力稀缺导致众多互联网创业者开始想尽办法去争夺注意力资源，而互联网产品最重要的就是流量，有了流量才能够以此为基础构建自己的商业模式，所以说互联网经济就是以吸引大众注意力为基础，去创造价值，然后转化成盈利的一种经济模式。

## 第一节　什么可以免费

后“互联网+”时代是颠覆的时代，一种商业模式既可以统摄未来的市场，也可以挤垮当前的市场——这就是“免费”商业模式，它所代表的正是数字化网络时代的商业未来。

所谓“免费”，并不是一种左口袋出、右口袋进的营销伎俩，而是一种把货物和服务的成本压低到零的新型营销能力。这种新型“免费”商业模式，是一种建立在电脑字节基础上的经济学，而非过去建立在物理原子基础上的经济学。这是数字化时代的一个独有特征，如果某样东西成了软件，那么它的成本和价格也会不可避免地趋于零。这种趋势正在催生一个巨量的新经济，这也是史无前例的，在这种新经济中基本的定价就是“零”。

对我们个人来说，“免费”是一种涤荡旧有思维的商业体验；而对企业来说，“免费”更多的是一种生存法则，一种可以改变旧有发展模式而实现脱胎换骨改变的“动力机器”。

互联网的一切都与规模有关，所以你得千方百计吸引到最多用户，以节约资源，将成本分摊到日趋庞大的用户群之中。

合理的定价在吸引顾客方面能起到非常大的作用。在完全竞争市场，长期产品价格（也叫“市场出清价格”）将会是生产的边际成本。由于大规模消费的存在，主机和带宽成本的不断下降，现在大多数互联网产品的边际成本已经趋近于零。

免费模式有以下四种类型。

**模式一：直接交叉补贴**

直接交叉补贴模式是一种典型的免费模式，如图2–1所示。

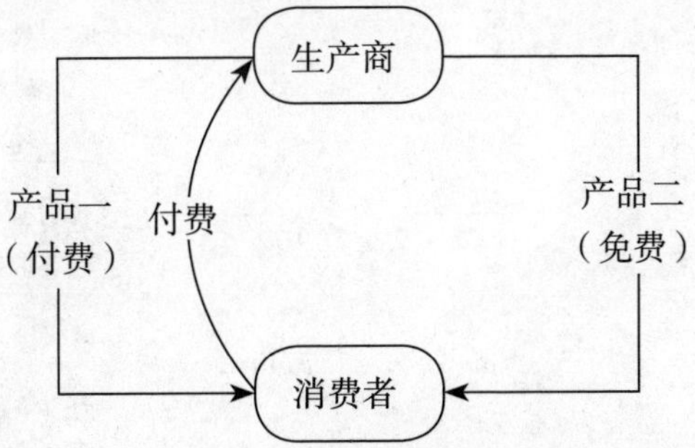


**图 2–1　直接交叉补贴**

什么免费：吸引你掏腰包买其他的商品。

谁享受免费：以某种方式最后掏腰包的人。

直接交叉补贴可以参考以下例子：

（1）充话费送手机活动。虽然手机是免费的，但你事先得充足够的话费。

（2）微软新推出的PIM服务“MyPhone”是免费的，但是消费者用MyPhone之前，已经为Windows Mobile手机付过费了。

（3）你到演唱会听歌是要付钱的，但是到酒吧里听歌则是免费的，因为你已经为买酒付钱了，这部分钱会补贴给歌手作为演唱收入。

（4）市政府提供免费的公园给市民休息游玩，因为你已经缴过税了。

（5）广电免费送机顶盒。机顶盒是免费的，但广电预计消费者一定会买些付费频道，用这些钱来补贴机顶盒。

**模式二：三方市场**

免费模式的第二种类型是三方市场，如图2–2所示。

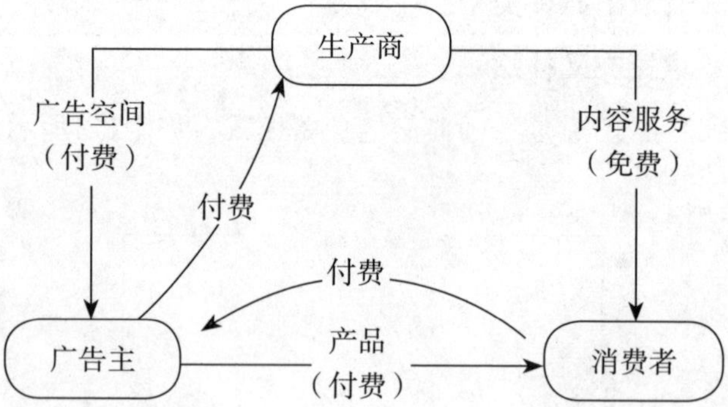


**图 2–2　三方市场**

什么免费：内容、服务、软件等。

谁享受免费：任何人。

这种免费模式几乎是目前使用最普遍的一种免费方式。三方市场免费模式，可以参考以下例子：

（1）免费看CCTV的电视剧，因为它有巨额的广告收入。

免费用PPStream，Youtobe，Youku看电影，广告主为视频开始前的广告买单。

（2）免费用百度的搜索，广告主到竞价排名系统中买单。

（3）免费看新浪和网易的新闻，广告主买单。

**模式三：免费加收费模式**

免费模式的第三种类型，免费加收费模式，如图2–3所示。

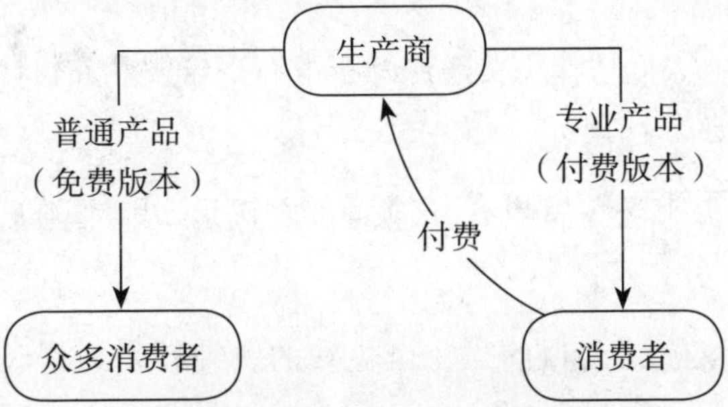


**图 2–3　免费加收费模式**

什么免费：和付费版本相匹配的任何商品。

谁享受免费：基本用户。

当下商业市场所谓的“增值服务”，都属于免费加收费模式。常见的例子如下：

（1）免费的网络游戏、付费的道具。据说这种方式最早是由韩国人发明的，被史玉柱发扬光大。目前在我国按时间收费的道具已经非常少了，基本上都是道具付费模式。

（2）Skype、PC之间可以免费语音通话，而PC和手机、手机和手机之间通话就需要付费了。

（3）网易邮箱，大量的免费用户，少数的VIP用户付费。

**模式四：非货币市场**

免费模式的第四种类型是非货币市场，如图2–4所示。

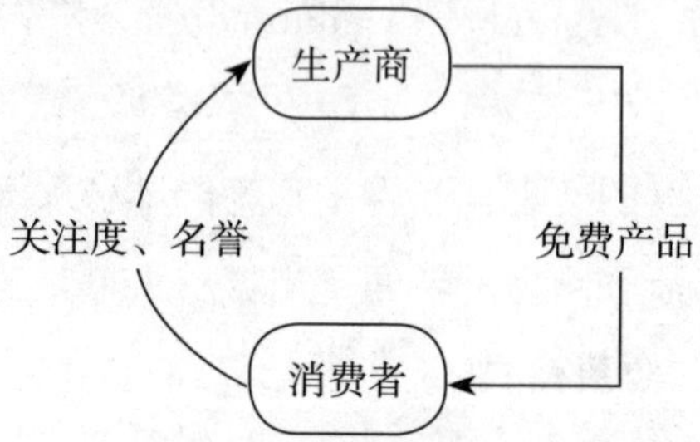


**图 2–4 非货币市场**

什么免费：人们选择免费赠送的、没有寄希望别人付钱的任何东西。

谁享受免费：任何人。

所谓非货币市场免费模式，简而言之就是"赔本赚吆喝"。常见的例子如下：

（1）360安全卫士目前是完全免费的，纯粹是为了破坏原有的杀毒软件商业模式，吸引装机量并扩大整个杀毒软件的市场规模。就目前阶段而言，就属于这种模式，以后很可能演变为广告主付费的模式二，或者企业用户付费的模式三，或者两种模式兼而有之。

（2）这种免费模式里典型的例子就是写博客，知识提供者并不需要货币收入，只是喜欢一种观点被关注和认可的感觉，或者纯粹就是分享知识的快乐而已。

总之，在以上四种免费模式中，模式一和模式二，可以使投资在短时间内获取收益，值得重点考虑；模式三需要花一大笔投资去吸引广告主，适合做中长线；模式四不适合长时间地做，只适合做短线，做这个领域里的颠覆者，自己建立新秩序（如360安全卫士），这种模式适合资金雄厚的人。

## 第二节　互联网免费三剑客——QQ、360与淘宝

我们知道，当下的后“互联网+”时代，既是一个“信息过剩”的时代，也是一个“注意力稀缺”的时代，怎样在“无限的信息”中获取“有限的注意力”，便成为这个时代的核心命题。

很多互联网企业都是以免费、好的产品吸引到更多的用户，然后将新的产品或服务提供给不同的用户，在此基础上再构建商业模式，比如QQ、360安全卫士、淘宝网购等。

互联网颠覆传统企业的常用打法就是在传统企业用来赚钱的领域实施免费策略，从而彻底把传统企业的客户群带走，继而转化成流量，然后再利用延伸价值链或增值服务来实现盈利。

### 1. QQ如何在免费基础上赚钱

互联网上那只戴着红领巾的小企鹅QQ形象，改变了数亿人的沟通习惯，创造了一种网络时代的文化，引领了一种新的赢利模式。中国所有上网的人如果没有在某一时刻在自己的电脑右下角藏过这样一只小企鹅，至少也见过这个时时“嘀嘀”作响的家伙是怎样让无数少男少女自觉自愿大把填进自己的青春时光。

创业之初，为了能让腾讯存活下来，马化腾率领自己的团队做网页、做系统集成、做程序设计……，“什么业务都敢接”，但由于不懂市场和市场运作，腾讯的产品拿出去向运营商推销，却经常被拒之门外，“甚至连见我们都不见”。闭门羹吃多了，一鼻子灰的马化腾“感觉挺挫折”，但他还是决定“锲而不舍”，他不断自励：“经过很多次

的不断尝试后，总会有用户接受我们。”

而后，当腾讯抱着试试看的心态把QQ放到互联网上供用户免费使用时，“奇迹”发生了：就连马化腾本人也没有想到，QQ居然在不到一年的时间里发展了500万用户！

这之后，马化腾的腾讯才开始有了点“腾飞”的感觉。每天都有几十万的人注册使用QQ。QQ这种即时通信工具在互联网产业中展现出了极其美好的发展前景。现在回忆，马化腾认为腾讯是在“对专注的坚持下”，取得了第一笔风险投资，使公司有了生存下去的基础。

互联网增值服务模式，在国外叫freemium——把free（免除）和premium（额外费用）两个词结合起来。freemium模式在中国的真正探索者，真正做得最成功的，实际上是腾讯。QQ的广告模式被否认后，迫使腾讯的管理层去探索，最后探索出增值服务这种模式。

我们几乎人人都有一个或多个QQ号，用QQ聊天是免费的，是不花钱的。因为QQ有一款非常好的产品，通过互联网可以接触到几亿用户，那么，在这几亿用户当中，你推出一项增值服务，即使只有一小部分人愿意下单付钱，那么加起来也能形成规模经济。

打个比方，QQ有6亿用户，如果腾讯又推出一个黑钻，即使只有0.1%的用户愿意每个月花10元钱购买，那么腾讯每个月也能有6 000万元的收入。

腾讯QQ的增值服务有很多种，比如蓝钻、绿钻、QQ秀，还有游戏。对QQ用户来说，游戏也是一种基础服务，可以免费玩，但是你要想玩得痛快，玩得超越别人，那你就要在里面买QQ的道具。

在马化腾看来，腾讯的核心发展策略就是紧密围绕用户价值：一切以用户价值为依归，发展安全健康活跃的平台，“是腾讯获得持续、健康发展的金科玉律”。广大互联网用户是腾讯价值的基础，“脱离了用户价值，腾讯的一切都将不复存在”。只有不断增加用户社区价值，注重平台健康发展，增加活跃、忠诚用户，腾讯才可以有长远的发展。“因此在工作中，腾讯一直要求每个员工都以创造用户价值为己任，不断在营运、服务和创新上丰富和提高用户的体验和满意度”。

马化腾创建的腾讯公司不仅在短短的几年内改变了年轻一代的沟通习惯，而且还创造了一种文化。时尚的青年男女背着企鹅背包，穿着QQ服装，床头摆着QQ相架，床上扔着QQ靠枕……，要做QQ一族；许多网民将QQ视为通往另一个世界——网络虚拟世界的“载人飞船”，在那个虚幻空间里，他们尽情展示着在现实生活中没有机会展现的才情、智慧和幽默，寄托着他们在现实生活之中未得到满足的许多情感和夙愿。它已经成为人们生活中必不可少的一部分，哪天没有见到它，没有听到它“嘀嘀”的声音，心里就觉得落了什么。

### 2. 360如何通过免费打败传统杀毒厂商

360一不小心进入了安全行业，从现在来看，正好赶上了中国互联网的大爆发时期。上网的人增长很快，各种软件、商业模式发展很快，当然网上的“小偷”也突然暴增。

在360出来之前，2005年我国有1亿网民，互联网普及率只有8%，到了2013年，中国网民超过了6亿，手机网民比电脑网民还要多。所以，在360安全卫士出现之前，杀毒还是按照传统的商业模式，是卖软件的，没有人认为是普遍服务，没有人认为杀毒应该是免费的。

但是随着互联网的发展，互联网的安全性变成每个人都要面临的问题。那个时候，不仅“流氓软件”泛滥，而且出现了各种木马，QQ号、游戏装备被盗，人们到网上下载软件时都会下载下一堆广告插件。

包括杀毒在内，互联网安全一定会成为一种基础服务，如果安全变成每个人都用的基础服务，它就一定是免费的。

要做360免费杀毒，就彻底免费，就终身免费。事实证明，用户需求强烈，三个月的时间，360免费杀毒的用户就过亿了。这就是用免费的商业模式颠覆瑞星、金山付费的商业模式的典型例子。

2006年，360推出第一款永久免费软件——360安全卫士以来，凭借“免费模式”迅速崛起，成为互联网行业的一匹黑马。那么，360是如何用好免费模式的？其背后的商业逻辑是什么？

众所周知，在360免费模式开启之前，国内高达数亿的个人电脑安全市场被瑞星、金山、江民三大杀毒巨头垄断。然而，360免费模式一经推出，就彻底打破了这种格局，并迅速占领了国内安全软件市场，使原本90%处于“裸奔”状态的个人电脑得到免费的安全服务。

与腾讯QQ聊天工具免费给用户使用一样，奇虎360也将“免费”作为一种商业模式，为用户创造长期、持续的价值。具体表现在用户体验方面，与有些所谓的“免费产品”不同，它们只是营销工具，比如试用期免费的产品，充斥大量广告的免费产品，有功能缺陷的免费产品，等等，从长期来看，由于缺乏较好的用户体验，并不能为用户带来长期的服务价值，而360首倡的互联网安全免费服务，是基于具有良好用户体验的主营业务产品而提供的。

也就是说，其主营业务产品所发挥的作用并不是赢利，而是使其成为沉淀用户和培养用户依赖性的最大入口。那么，借助“安全”这一具有刚需性质的基础服务切入，以长期免费带来大规模用户积累，使得360的安全产品像水电一样成为互联网的基础设施，并以良好的用户体验建立起已有用户对360“安全”的品牌认知和忠诚度，而完全不需要考虑赢利，这是360给其主营产品的定位和使命，也是360免费的精髓。

免费模式做增值。一般来说，增值服务是在主营业务基础上实现的，但与百度等互联网企业的免费增值模式不同，360为保证360安全免费服务用户体验不受广告等其他赢利性增值服务的影响，将安全免费服务与其他服务独立运营，但又相互促进。

一方面，360专注于自身“安全产品及服务供应商”的定位，持续完善免费服务的功能，相继推出了装机必备、打补丁、云查杀、眼睛卫士等创新性功能，保证了安全免费服务的良好用户体验和口碑。另一方面，360安全免费服务的运营独立于其他服务，但又将360安全免费服务上的用户与其他平台上的产品共享，如360浏览器、360安全桌面等，进而通过搜索广告、游戏分成等较为成熟的互联网赢利方式获得收入，这种共享性的产品布局与赢利方式是360在众多“免费+增值服务”模式中脱颖而出的根本原因。

因此，依靠广告及增值服务收益支持免费服务的成本，又通过免费服务的用户基础拉动广告及增值服务的用户覆盖，360的运营独立与用户共享既促进了用户对免费服务的口碑和忠诚度，又保证了增值服务的收益。

### 3. 淘宝靠免费打败收费的易趣

免费的淘宝是怎样打败收费的易趣，并成为“网购一哥”的呢？

淘宝网，顾名思义，即没有淘不到的宝贝，没有卖不出的宝贝。

其实，对马云来说，这个淘宝网带给他的结果只能是胜，不能败。因为这是一场“豪赌”，他压上了多年积累起来的业界名声，压上了阿里巴巴为他赢得的业界打拼的全部“赌资”。

然而只是因为单纯地抓住了这个卖点便轻易地“开局设赌”，显然是不明智的。因为不论是马云自己还是他身后的一批风险投资人都清楚，他们这次联手坐庄还潜藏着一个巨大的破绽，而这个破绽对于开设淘宝网“赌局”的庄家来说是致命的，这无疑让这场本就悬念丛生的“赌局”更加扑朔迷离，这个破绽就是：这场“赌局”从一开始就意味着它是一场后知后觉的“豪赌”，因为易趣早已强大。

幸亏马云似乎天生就是一个有着敏锐嗅觉的“赌徒”。

2003年7月，阿里巴巴宣布投资1亿元人民币，欲打造成中国最大的个人网上交易平台淘宝网。

阿里巴巴宣布注资1亿元人民币创办淘宝网的时候，互联网冬天的阴影还很沉重，淘宝网的投资实际成为冬天之后互联网业界的第一次大规模投资。与此同时，提供类似网络市场服务的易趣已经占领了中国80%以上的市场份额，而国外的eBay也早已在2002年以3 000万美元的代价，收购了易趣1/3的股份，并在2003年以1.5亿美元的价格收购了易趣余下的股份，并允诺继续增加对中国市场的投入，以增强其在中国市场的绝对领先地位。

马云在这样的时刻选择进入C2C领域，被当时的一些媒体形容为“非理智”“疯狂”和“豪赌”；而eBay易趣网的拥有者eBay全球总裁惠特曼则更是毫不掩饰地预言：“它（淘宝网）最多只能存活18个月。”

但18个月后，也就是2005年1月，eBay易趣首席运营官郑锡贵宣称：“我们在中国要打的是一场‘持久战’，做的是一百年的计划。”

即使不能为天下先，马云也会不甘人后。“我希望阿里巴巴做的事情永远和别人不一样。”马云经常表现出“不按常理出牌”的一面。

马云开设淘宝网的做法让很多人难以理解，但是对于阿里巴巴自己人而言，却对此习以为常。马云经常讲：“在大家都觉得是一个机会的时候，我们不会去凑热闹，而越是在大家都还没有开始准备，甚至避之不及的时候，往往正是最大的机会所在。”

投资淘宝网的想法诞生在2003年年初，当时马云认为个人电子商务市场逐渐成熟，而且阿里巴巴的业务已经相对稳固，需要做更长远的打算。“eBay易趣当时在中国的确做得很大，但我们发现它有很多弱点。客户对它的抱怨很多，这就是我们的机会。”孙彤宇说道，他当时正是淘宝网项目的负责人。他所说的弱点，其中重要的一点是，eBay易趣坚持的收费原则。“在那个时候就采取收费模式，我们觉得在时间上并不适合。所以我们一直呼吁大家以培育市场为目的，不要急着去收钱。”孙彤宇说。

瞄准了对手的弱点，短短的120天之后，孙彤宇就完成了从详细的市场调研到组建10人团队的“创业”过程。在前期没有进行任何市场推广的情况下，2003年5月10日，淘宝网正式上线。20天后，淘宝网迎来1万名注册用户。

马云曾多次表示，要在3年内把淘宝网打造成中国最大的C2C电子商务网站，这也使得淘宝备受同行业竞争对手的关注。有业内人士认为，淘宝网的发展速度和其所遇到的阻力，都有可能成为中国互联网企业的一个特例。马云往往能在逆境中顽强“生长”，可谓是一个名副其实的逆境英雄。

要想淘宝网“门庭若市”，就必须舍得让利，先让利，后得利。借局布势，力小势大。正是秉持着这样的信条，淘宝网从无到有，从弱到强，上演了一出好戏。

“没有盈利的企业是没有出路的！”在这样一个硝烟弥漫酷似战场的商战中，这也早已成为所有企业所遵奉的不二法则。于是，企业家们纷纷寻找赢利空间和赢利模式，因为只有赢利企业才有后劲，才可以健康发展，才能更好地回报股东、企业和员工。

然而，就是在这样一种主流经营理念下，马云却反其道而行之，可谓语不惊人死不休：“中国个人网上交易尚处于起步阶段，应实行全面免费的措施，在今后12个月的时间内，淘宝网将继续实行免费的政策，淘宝网3年内不准备赢利。”他近似疯狂的决策不禁再一次吊起大众的胃口。相当多的人不会理解马云的做法，甚至也不会赞同他这种“烧钱”的方式，然而，马云的精明之处便在于他的高瞻远瞩，在于他犀利而独到的眼光。唯有如此，才能为淘宝网的用户带来收益的最大化，而当淘宝网借助3年免费的优惠吸引到众多的人气时，大部分人才顿悟马云的良苦用心。

原来，马云早已成竹在胸，在他心中，算盘早就打好了：“积聚这么多现金，我们是用来准备打仗的。”从马云杀气腾腾的话语中不难体会，他所制定的淘宝网免费政策所挑战的显然并非自己的腰包，其目标直指培育市场多年、刚刚在收费上尝到甜头的eBay易趣。淘宝网所发出的信号暗示：eBay易趣如果不实行免费，则其大部分客户将很可能向淘宝网转移。因此，在国内的C2C市场，免费的淘宝网已经让收费的国内最大的C2C网站eBay易趣感受到越来越大的压力。

这是马云想要的，但并非他最终想要的结果。如果说企业孜孜以求的便是利益和利润，那么马云也不例外。之所以一直维持不赢利的网站运作，马云走的是一条不得已而为之的“曲线救国”道路。

马云认为，收费制度一旦出台就要支撑赢利。如果一种收费模式既不能够被客户认可，又不能够令企业赢利，那一定是大错特错了。另一方面，阿里巴巴和淘宝网觉得它们最大的财富是会员，更注重且更具备买卖的需求和消费的能力。马云相信淘宝网将来一定会赢利。

面对外界对淘宝网赢利能力的诸多怀疑和揣测，马云的回答是：“我们觉得真正大规模收费的时间还没有到，目前个人电子商务网站采用的收取交易费等方式未必适合中国的国情；当然，另一方面，我们有足够的底气也有充足的信心，阿里巴巴目前的赢利能力以及现金储备完全可以再造3个类似于淘宝网的网站，而且阿里巴巴在收费之前也经历了3年的免费阶段。”

另一方面，免费使得每个部门都没有赢利的指标和压力。对于网站运营部门来讲，他们的目标就是把网站变得更简易，更方便使用，让会员感到更亲切；对于技术部门来讲，他们要把这个网站变成最稳定也最安全的购物场所；对于公关市场部门来讲，他们最大的任务就是尽最大的力量去普及网络购物的概念，让更多的人参与到这个进程中来。“我们知道花钱和烧钱的区别，我们也知道费尽心机去赚小钱与将来水到渠成规模赢利之间的选择。”在面对众人的不解甚至是嘲讽时，马云和他的淘宝网依然自有一套。

淘宝网的高层管理者对何时赢利有着明确的时间表，但是对员工却强调，不要过多关心收费赢利的事情。马云经常讲：“如果一个人脑子里想着人民币，眼睛看到的是美元，嘴巴吐出来的是英镑，这样的人是永远不会真正地把客户需求放在第一位的。”实际上，只有在淘宝网的绝大多数会员真正赚到钱的时候，才是淘宝网大规模赢利的时候。

“对于电子商务网站来讲，所谓的客户第一，简单地说就是让自己的会员赚到钱，这并不是说会员口袋里有了5元钱，然后我们拿1元钱，而是要帮助客户把口袋里的5元钱变成500元甚至更多，这个时候会员会非常愿意给你50元钱。”

管理学大师彼得·德鲁克说过：“今天企业间的竞争已经不是产品间的竞争，而是商业模式之间的竞争。”

免费模式是商家利用大众乐于接受“天上掉馅饼”的心理，借助免费手段销售产品或服务从而建立庞大的消费群体，塑造品牌形象，然后再通过配套的增值服务、广告费等方式取得收益的一种新商业模式。这种商业模式本身的成本很低，而“免费”的金字招牌对顾客有着无穷的吸引力，能在短时间内使企业迅速占领市场，扩大知名度。

## 第三节　借免费思维，传统企业单店“逆袭”

免费模式在BAT（百度、阿里巴巴、腾讯）这样的互联网巨头身上体现得淋漓尽致，它们依靠着免费思维获得了巨大的成功。于是各行各业也纷纷效仿，如若是传统行业也借用免费思维，能取得成功吗？

下面我们来看一个案例。

尚品宅配通过免费上门量尺，以及针对性地设计家居方案这两项免费服务，在短短的十年时间里，成了家居界的一匹黑马，在全国开了700多家门店，并且生意都很火爆。具有示范性的是广州的一家写字楼门店，大约2000平方米，一年的营业额竟然有2亿元，他们是怎么做到的呢？

免费思维最重要的原则是，服务可以近乎零成本复制，才能做到真正的免费。比如360杀毒软件、QQ，只是需要多占用一点服务器而已，就能为用户提供一个“私人产品”。对于家居行业来说，设计本身是一个非常复杂的事，传统的设计师从量尺、沟通需求，到制作方案，要经历一个非常复杂的过程和周期，所以家居界的设计师一般不轻易上门量尺，他们会通过多种角度去筛选客户，即便是上门量尺，上门前也会要求业主交一定数量的定金，以确保诚意。

所以家居界的“私人产品”的制造，成本非常地高，要把这样一个“昂贵”的产品免费化，可能实现吗？

尚品宅配真正做到了。

上门量尺是免费的，并且还不用交定金；做方案是免费的，业主进店看方案之前也不用交定金；修改方案也是免费的，你提出建议设计师会依要求帮助你调整。

从上门量尺，到出设计图，最快也要花四天的时间，而且并不是每套设计方案业主都愿意买单，如此巨大的成本他们承担得起吗？

### 1. 非标准的设计，通过软件标准化

尚品宅配是做定制家具的，同一个柜子，尺寸、颜色、面板以及局部造型，都是可以自由组合的。尚品宅配把这些“零部件”放入一款叫

“圆方”的软件中，设计师只要采集用户房子的相关数据，比如尺寸、预算、风格等“基础数据”，再加上一定的视觉调整，通过圆方软件便能轻松地把相关的设计方案给做出来。

有人会说，这样设计出来的方案岂不是千篇一律？不必担心，用户的思维和设计师或者局外人的思维是完全不同的。

用户需要解决的问题是，空间的合理利用，家具风格与装修风格更好地组合起来，自由调整家具预算等，他们并不会太在意我的家是不是和其他人“撞衫了”，况且，一套家具可以变换的元素很多，面板造型、颜色、尺寸都是可以自由变换的，所以通过几何数据的相乘，很难出来一模一样的家具。

这里要注意一个关键词，设计师只要输入“基础数据”，加上一定的视觉搭配，即可完成家具设计。圆方软件把“设计的门槛”变得很低，设计师只要掌握基本的家具知识，以及熟练操作这款软件，即可实现设计。相对于传统的设计师需要经过严格的培训、知识沉淀以及技能沉淀而言，尚品宅配的设计师上岗速度要快于整个行业的数倍不止。

于是尚品宅配解决了一个问题，把非标准的设计通过软件进行标准化”。标准化的好处就是可以实现“大规模设计”，有了“大规模设计”，成本自然会降得很低。

### 2. 把低频次的家具购买变成高频次的需求沟通

提到免费思维，我们不得不提到“频次”这个概念，还是拿BAT来举例，如若BAT的产品的使用不具有高频次性，那么它们也很难做起来，比如QQ，基本上大家都能做到开机必登QQ，有各种问题问百度，网购上天猫。有了高频次，用户和商家之间才能建立感情，之后才有“付费”的说法。

对于QQ，你会经常登录，因为你想了解你的朋友的动态，于是出现了QQ秀、QQ黄钻、QQ会员等“升级需求”，有更多人关注别人了，自然就有广告位进来了。

高频次是免费思维的一个重要特征。

那么对于家居行业来说，人们购买的频率基本上是一辈子一到两次，很少有人会超过三次购买，尚品宅配如何破解这个困局？

的确，购买决策的频次只有一到两次，但是在决策购买前，消费者的决策周期长，并且选择对象非常广，因为家居行业还有一个很重要的特征，就是价格昂贵且不透明，品牌长尾，服务质量参差不齐。消费者在购买之前，会反复考察。

反复考察具有双面性，一方面意味着用户很难就单一品牌冲动性下单，比如买衣服，客户很可能因为好看就买了，买完以后才考虑是不是真的有需求，尺寸是否合适，售后服务怎样，但在家居界，这些都会被提前考虑进去。所以对于很多的家居品牌来说，进店客户的转化率非常低，要么进来只是看看，或者问问价格，就是不肯下单。

另外一方面意味着，如果谁能抓住用户的痛点，能够反复地和用户进行沟通，即意味着用户下单的可能性将非常大。

尚品宅配是这样做的，主动对外宣传免费量尺设计服务，吸引潜在客户的关注，他们告诉客户的是，我不是要你买我的家具，只是让你来体验一下我们的服务，买和不买都没有关系。

很多的用户都是首次置业，甚至房子还在开发商手里，就急不可耐地准备装修事宜，或拿着户型图，或给设计师提供翻墙攻略上门量尺，很多客户都是在房子还没有到手或者刚刚到手的时候，就已经在尚品宅配体验完全部的流程。

客户先是通过网上了解尚品宅配的各种情况，然后在网上提交申请，这时客服人员会通过电话和客户反复沟通，给建议也好，解决疑虑也好，被打通的客户会和客服安排好一个量尺时间。

设计师不辞辛劳地跑到业主家量尺，量尺现场又是一次密切的“接触”，不断地给用户强化品牌理念。

设计师回去以后，也会再次和客户确定需求，并开始设计方案，期间不断地和用户进行互动。一些积极的用户会不断地提出他们新的想法和需求，一直到几天以后进门店看方案。

在尚品宅配门店活动的刺激下，用户和设计师一边聊方案，一边现场体验尚品宅配的家具带来的空间感。

一个用户从最初的了解品牌到预约服务、上门服务、进店看方案以及谈方案，整个过程要花费大量的时间和精力，尚品宅配通过“免费服务”，让用户付出“时间成本”，从而占领用户的心智，占领用户参考其他家具品牌的时间，从而最终获得用户的信赖。

### 3. 如何支撑免费思维

从上面内容可知，一个用户体验全流程花费的时间成本高，对于尚品宅配来说也是一笔不小的成本，那么它们凭什么支撑起免费思维?

第一，产品的客单价高。同比美乐乐3000多元的客单价，尚品宅配的客户单价高达3万多元，毛利润也在四成以上，所以足够高的利润能够支撑得起反复消磨的转化率。

从最初的广告曝光，到客户点击了解以及多次点击了解、客服资讯、设计师量尺、进店看方案等一系列环节，转化率是在层层衰弱，人工成本却在层层增加。

第二，形成运营体系。无论是前端的推广，还是对用户的筛选（并非每个申请用户都能享受免费量尺设计，有一些基本的条件限制），还是后续对用户需求的把控，以及抓单能力，都经过多年的反复训练。尚品宅配的O2O业务从2009年开始，那时候的网络广告成本低，试错成本也很低，经过几年的试错，尚品宅配在O2O的全流程运营已经非常成熟，各个环节的转化率经过几年的打磨已经得到了一个良性的数据，如今昂贵的广告成本反而成了尚品宅配有利的护城河。

第三，快速的人才培养机制。尚品宅配的高层领导团队是非常稳定的，这和尚品宅配的家文化分不开。家文化的核心就是通过母公司（圆方软件）不断地培养优秀的人才，然后派往各个子公司以及分公司，担任核心岗位。

对于基础岗位，比如前端的推广、中端的客服、后端的设计师，都已经形成了快速的上岗体制。比如推广岗位，一个没有任何工作经验的刚刚毕业的学生，在来公司报到的第二天即可上岗产生业绩，半个月到一个月以后，业绩就有可能超越业绩考核的最高线。对于中端、后端的客服和设计师岗位也是如此，特别是设计师岗位，经过15天左右的上岗培训，即可在主管的陪同下进行接单，接受能力强的设计师在短短两三个月后即可独立接单，这种成长速度在全行业都是罕见的。

传统企业可以借鉴商品宅配这样免费的商业模式，当然一个企业的成功不只是单一壁垒的成功，还包括战略布局、管理、营销、生产各个环节，在与同行业的竞争过程中，免费思维可以说是成功决定性的因素。

那么，不管是传统企业，还是互联网企业，如何经营免费模式呢？

第一，分析企业产品的特性，满足免费经营的条件——用户数量足够多，增值空间足够大，能够有效绑定客户。

电信行业是满足免费模式经营的典范。首先，用户数量庞大，人人都是手机用户；其次，增值服务的空间巨大，电信企业可以在用户后续的手机使用中获得较高的通话费和信息费等收入；再次，电信企业可以通过提供免费手机同时与用户签订使用协议或预存话费的方式绑定用户，从而保证免费模式的成功。

第二，准确定位目标市场。其重要性在于节约成本和塑造品牌。企业可以把免费产品作为一种营销手段，进行“病毒式”传播，有利于在目标受众中塑造品牌形象。

英国免费杂志《Short List》由于前期做了充分的市场调查，将读者群定位在年轻男性，推出了符合他们口味的阅读内容，最终通过广告收入赚取了巨额的利润。

第三，从价值链中深挖顾客需求。传统企业实施免费模式，要敢于打破常规思维，从满足客户需求的角度出发不断创新增值服务项目。

景区旅游业算是一个比较典型的免费模式适用行业。游客数量多，需求价值链长，而且相对独立的地理空间能有效绑定游客。旅游景区如果可以从食、住、行、游、购等方面为游客提供更为丰富的增值服务，充分满足游客在旅游需求链上的各种价值需求，不难想象，这样的景点就不需要依靠上调门票价格来赢利了。

第四，着眼于价值创造。免费模式的最终目标是为顾客提供系列产品或成套服务解决方案，所以企业需要整合产品和服务，打开后续市场。免费的产品或服务可以通过新价值来弥补，只要新价值足够大，前端产品即使全部免费也能赢利。

未来医疗服务业的发展趋势很可能是这样的：很多私营医院的门诊将实行完全免费，从而吸引患者前来就诊，但可以从为病患提供的增值服务中获利。医疗产业的价值链较长，增值空间巨大，所以医院在一些环节设置免费服务能够提高患者的满意度，从而增加整个医疗服务链的价值。

第五，坚守“免费”承诺。一些企业把免费模式当作噱头，在成功“忽悠”消费者购买产品后再进行收费，无疑是在赶走消费者。试想，当客人冲着“免费之夜”的广告进入一家酒吧后，却被告知只有极小一部分的饮品是免费的，他们以后还会光顾这家酒吧吗？

对于免费模式而言，免费之后的收费一定不能伤害顾客的信任，让顾客心甘情愿地为增值服务支付合理的价钱，毕竟企业只有坚守免费承诺，让顾客真正感受到免费的体验价值，他们才会愿意把品牌信息传播给其他人。

# 第三章



## O2O模式：传统企业互联网化的诺亚方舟

O2O，狭义来理解就是线上交易、线下体验消费的商务模式，主要包括两种场景：一是线上到线下。用户在线上购买或预订服务，再到线下商户实地享受服务，目前这种类型比较多。二是线下到线上。用户通过线下实体店体验并选好商品，然后通过线上下单来购买商品。

广义的O2O就是将互联网思维与传统产业相融合，未来O2O的发展将突破线上和线下的界限，实现线上线下、虚实之间的深度融合，其模式的核心是基于平等、开放、互动、迭代、共享等互联网思维，利用高效率、低成本的互联网信息技术，改造传统产业链中的低效率环节。

当下，“互联网热”一浪高过一浪，传统企业也纷纷加入互联网热潮，就连世界500强企业格力空调，在以往一直是采用传统的营销模式，但是到了这个互联网、大数据的爆炸时期也悄然走进了互联网营销模式，采取O2O营销模式即线上线下营销模式。

## 第一节　O2O模式的概念

O2O（Online To Offline），是指将线下的商务机会与互联网结合，让互联网成为线下交易的前台。O2O的概念内涵非常广泛，只要产业链中涉及线上、线下，可通称为O2O。

有人认为，一家企业能兼备网上商城及线下实体店两者，并且网上商城与线下实体店全品类价格相同，即可称为O2O；也有观点认为，O2O是B2C（Business To Customers）的一种特殊形式。

当下，O2O模式起步不久，但发展势头凶猛。

O2O商业模式的概念在于，用户在线上平台预先支付，然后到线下消费体验，商家实时追踪其营销效果，由此形成闭环的商业服务和体验过程。与其他电子商务模式不同的是，O2O采用“电子市场+到店消费”模式，而不是“电子市场+物流配送”模式。

有人认为淘宝购物就是O2O模式，而准确地说，淘宝属于B2C模式。有人认为，O2O模式是B2C模式的升级版，更强调消费体验。目前国内对O2O的概念已经泛化，把在产业链中涉及线上和线下的模式都称之为O2O模式。

但凡O2O模式，均具备完全打通的线上和线下平台，用互联网的思维方式去运营这两个平台，一切以用户为中心。信息流与资金流通过线上实现，商业流与服务流则在线下实现。

像携程旅行网，通过O2O模式，其利用线上信息流吸纳游客，通过线下旅游公司让游客享受旅行服务。还有分类信息网站、点评类网站、团购类网站、订餐类网站等，都纷纷试水O2O。

O2O模式示意图如图3-1所示。

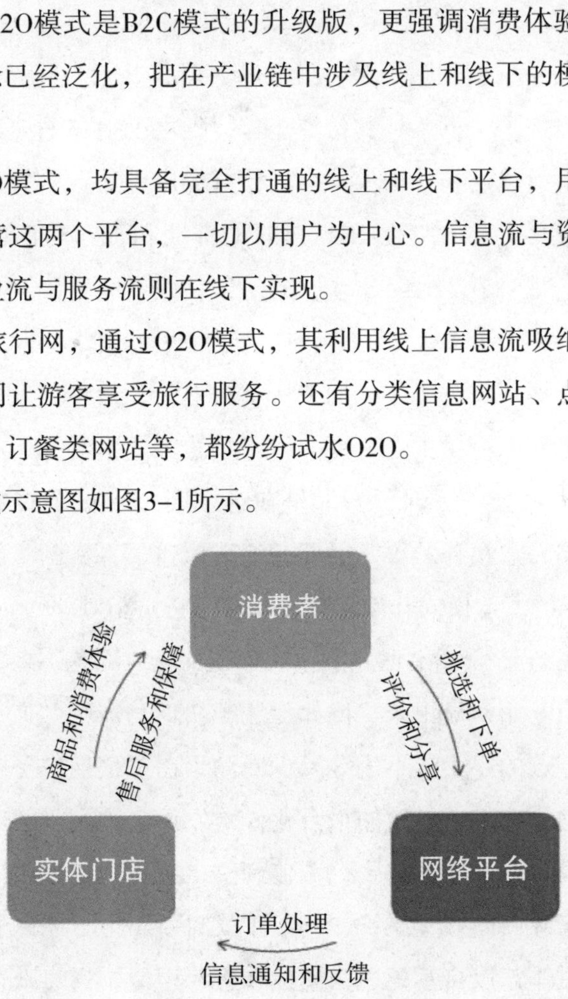


**图 3-1　O2O模式示意图**

O2O的发展经历了以下三个阶段：

在工业1.0阶段早期的时候，O2O线上线下初步对接，主要是利用线上推广的便捷性把相关的用户集中起来，然后把线上的流量倒到线下，主要领域集中在以美团为代表的线上团购和促销等领域。在这个过程中，其主要持点是单向性、黏性较低等。平台和用户的互动较少，基本上以交易的完成为终结点。用户更多是受价格等因素驱动，购买和消费频率也相对较低。

发展到工业2.0阶段后，最主要的特色就是升级为服务性电商模式，包括商品（服务）、下单、支付等流程，把之前简单的电商模块转移到高频和更加生活化的场景中来。由于传统的服务行业一直处在一个低效且劳动力消化不足的状态，在新模式的推动和资本的催化下，出现了O2O的狂欢热潮，于是上门按摩、上门送餐、上门生鲜、上门化妆、滴滴打车等各种O2O模式层出不穷。在这个阶段，由于移动终端、微信支付、数据算法等环节的成熟，加上资本的催化，用户出现了井喷情势，使用频率和忠诚度开始上升，O2O和用户的日常生活开始融合，成为用户生活中密不可分的一部分。但是在这中间，有很多看起来繁荣的需求，由于资本的大量补贴等，虚假的泡沫掩盖了真实的状况。有很多并不是刚性需求的商业模式开始浮现，如按摩、洗车等。

到了工业3.0阶段，出现了明显的分化：一方面是一些真正的垂直细分领域的公司开始凸显出来。比如专注于快递物流的“速递易”，专注于高端餐厅排位的“美味不用等”，专注于白领快速取餐的“速位”。另一方面就是垂直细分领域的平台化模式发展。由原来的细分领域解决某个痛点的模式开始横向扩张，覆盖到整个行业。比如饿了么，从早先的外卖到后来开放的蜂鸟系统，开始正式对接第三方团队和众包物流。以加盟商为主体，以自营配送为模板和运营中心，通过众包合作解决长尾订单的方式运行。配送品类包括生鲜、商超产品，甚至是洗衣等服务，实现平台化的经营。

与传统的消费者在商家直接消费的模式不同，在O2O平台商业模式中，整个消费过程由线上和线下两部分构成。线上平台为消费者提供消费指南、优惠信息、便利服务（预订、在线支付、地图等）和分享平台，而线下商户则专注于提供服务。在O2O模式中，消费者的消费流程可以分解为五个阶段：

第一阶段：引流。线上平台作为线下消费决策的入口，可以汇聚大量有消费需求的消费者，或者引发消费者的线下消费需求。常见的O2O平台引流入口包括：消费点评类网站，如大众点评；电子地图，如百度地图、高德地图；社交类网站或应用，如微信、人人网。

第二阶段：转化。线上平台向消费者提供商铺的详细信息、优惠（如团购、优惠券）及便利服务，方便消费者搜索、对比商铺，并最终帮助消费者选择线下商户，完成消费决策。

第三阶段：消费。消费者利用线上获得的信息到线下商户接受服务，完成消费。

第四阶段：反馈。消费者将自己的消费体验反馈到线上平台，有助于其他消费者做出消费决策。线上平台通过梳理和分析消费者的反馈，形成更加完整的本地商铺信息库，可以吸引更多的消费者使用在线平台。

第五阶段：存留。线上平台为消费者和本地商户建立沟通渠道，可以帮助本地商户维护消费者关系，使消费者重复消费，成为商家的回头客。

O2O模式，即把线上的消费者带到实体商店中去：在线支付线下商品、服务，再到线下去享受服务。通过打折、提供信息、服务预定等方式，把线下商铺的消息推送给互联网用户，从而将他们转换为线下客户。

O2O商业模式下，线下服务可以用线上来揽客，消费者可以通过线上来筛选服务，还可以在线支付、点评。该模式最重要的特点是：推广效果可查，每笔交易可跟踪。

传统企业互联网化、互联网企业实体化的时代来临，这就是O2O模式。其核心在于线上线下的互动融合，注重用户体验。缺失线下体验的O2O是不完整的，甚至会导致整个模式失效。

## 第二节　O2O模式爆发巨大力量

智能手机的爆发、互联网的快速普及、社交媒体的盛行……，这些因素交织在一起，打造了人人都是互联网、人人都是自媒体的网络生态环境。互联网可以说是无孔不入，它改变了人们的消费方式，创新了企业O2O商业模式。

传统行业都在迅速互联网转型，以及庞大的用户参与，使得O2O使用场景快速扩张。

### 1. 当前实体企业的困境

O2O商业模式滚滚而来，势不可当。传统企业在面对互联网的浪潮，如果不升级转型，将会是死路一条。

那么，当前的实体企业，尤其是实体连锁零售企业，都存在哪些困难呢？

（1）传统门店经营和电子商务竞争激烈，街面上的店铺大量倒闭。

（2）消费者消费习惯转变，通过互联网，手机消费支付，导致客户分流。

（3）成本高，利润下滑，物业租赁、人力资源、物流运输等各项成本费用翻倍增长，导致企业效益不断下滑。

（4）经济增速放缓，销售业绩下滑。

（5）行业变局，人心浮动，利润下滑，生存艰难，薪酬待遇下降，导致员工工作积极性低落。

（6）市场竞争激烈，价格拼杀惨烈，利润率低。

实体企业存在以上难题，迫使实体企业必须开发新的销售渠道，向全渠道销售转型。

### 2. 多渠道销售的模式

实体连锁企业开展多渠道销售是大势所趋，那么目前有哪些模式？

（1）在第三方平台开设店铺，比如淘宝、天猫、京东、1号店等。

（2）建设自有电商平台包括：网上商城、微信商城、APP等。

（3）展开电话订购业务，建立呼叫中心。

（4）加入团购网，借助团购网的活动优势增加客流量，扩大知名度。

（5）开展自有或者第三方的外卖配送业务。

### 3. 多渠道营销的优势

开展全渠道经营，能够给企业带来哪些好处？

（1）降低线下运营成本，包括人力成本、房租成本、库存成本等。

（2）提升销售额，增加企业收益。

（3）增加和顾客互动交流的频次。

（4）通过互联网在线低成本拓展品牌。

（5）增加企业服务价值。

（6）提升消费者的体验，增加购买频次。

（7）不同渠道、不同部门相互补充、协调，提高企业工作效率。

（8）将门店由交易场所变为体验、服务中心，提升门店使用价值。

（9）线上的销售数据为线下店铺的布局提供数据参考，规避风险。

尽管O2O模式已经向社会各个领域全面渗透，但目前依然处于早期发展阶段。有数据显示，无论中国还是美国，目前线上消费只占整体消费的3%～8%。因此，创新工场董事长李开复认为，一旦线上线下真正融合起来，将爆发巨大的市场力量。

2016年线上狂欢“双十一”临近，在酒类电商中，中国绵柔型白酒领军企业——洋河股份，顺应中秋后的旺季，其亦将迎来销售高潮。洋河股份的布局是走在行业前列的，除了在天猫、京东布局官方旗舰店，还自建平台，推出“洋河1号”APP客户端布局O2O。

线上业务布局，不仅可以增加销售，还可以与消费者互动，并根据相关数据精准营销的平台。这就是洋河对于电商的理解，已升级到互联网思维，未来的线上线下业务互动，洋河的销售以及市场影响力将进一步提升。

洋河的线上线下模式，特别是大力发展互联网渠道，不但是大势所趋，还可以补充产品盈利。甚至洋河股份认为，公司的互联网转型，绝不只是借助互联网卖酒，更是要将互联网思维渗透到企业运营管理、生产工艺、生产流程的重构上，力图通过积极探索后“互联网+”时代的先进商业模式，重新定义中国白酒行业。洋河的规划是，在短期内用互联网思维把洋河打造成互联网化的公司。

线上购物和线下购物，在当前已经是并存的情况，它们各有自己的优势，比如线上购物可以足不出户，享受便利和低价，而线下购物体验感更强。很多人认为，线下购物是一种愉快的家庭外出活动，并非常享受在实体店铺购物带来的愉悦和满足。

商业交互时代已经到来，消费者已经不再单纯采用线上或线下单一的购物方式，而是根据自己的需求选择最适合他们的方式。所以，对零售商和生产商而言，能够灵活运用线上和线下两种销售渠道，不论何时、何地都能满足顾客愿望的才是真正的成功。

即使是在实体店铺内，零售商也可以利用线上服务来提升营业额。比如通过线上和移动终端的优惠券、购物清单、下载零售商或者会员APP、扫描二维码获取更多信息、店内WiFi在线支付等数字技术的店内应用。

实体店铺可以通过店内线上服务的方式为消费者带来轻松、方便、个性化的体验方式。提供线上服务，已经不是一件可有可无的事，因为这将在很大程度上会提升消费者的停留时间、参与程度以及客流量。

下面我们来看一个案例。

优衣库是日本的一家服装品牌，成立于1963年，从最初销售西装的小服装店，发展成在全球开设实体店，积累了很多可借鉴的经验，并随着互联网技术的发展，从线下走到线上，成为服装行业互联网化的标杆企业。

与传统服装品牌O2O做法不同，优衣库非但没有缩减实体店的数量，反而在全球范围内加速开设实体店，此外，优衣库大中华区与欧洲地区的业绩都呈现持续改善状态。

优衣库的O2O逻辑并不是简单的进军网购，而是通过线上产品强化人们对于优衣库品牌和产品的认知。

2008年，优衣库在博客上推出将美女、音乐、舞蹈与当季优衣库主打服装结合起来的时钟UNIQLOCK，这个时钟可直接浏览，也可下载。时钟上面显示当前时间，每隔5秒就会有一段随机出现的影片，影片中人物穿着优衣库的服装进行有趣的表演，吸引用户眼球的同时刺激消费欲望。

2009年，优衣库推出特色日历UNIQLO CALENDAR，同样为用户展示优衣库当月售卖的服装及配件；2012年，优衣库闹钟UNIQLO WAKE UP以APP形式上线，上线4周，下载的国家和地区达到196个，范围远远超过其实体店覆盖的区域。

当然，还有比较传统的SNS营销，优衣库的合作对象包括Facebook、

Twitter，国内的人人网。一方面在品牌推广上起到了推动作用，另一方面优惠券的形式为优衣库带来了线上流量、线下实体店销售额的激增。

对于进军网购，优衣库采取了直销与在天猫等商城分销两种方式相结合的策略。2000年10月，优衣库开始实行网上直销；同一年，优衣库直营店铺数量超过400家。随后优衣库开始加速扩张，整整一年后，优衣库直营店铺数量超过500家。

其在中国的网络旗舰店于2008年4月以UNIQLO淘宝商城店铺和外部网店同时发布的形式上线，开店初期平均每天销售量为2000件，而到目前，优衣库线上销售额与其一个顶级门店的销售收入不相上下，这一方面来源于优衣库天猫旗舰店，另一方面来源于其官网。优衣库官网平台使用的也是淘宝支付系统，维护方面同样是与淘宝达成的合作。

当然，涉足线上并不意味着线下店面的缩减，2002年9月，优衣库在中国开设首家实体店，截至2014年4月底，优衣库在中国的实体店铺数量为325家，并计划每年新开80～100家店铺。

优衣库除了在线上营销环节做出了不少吸引眼球的动作外，也一直将线上与线下融合的原则放在第一位。无论是线上向线下导流，还是线下反带流量到线上，优衣库的这套系统是相对完整的。

## 第三节　O2O模式的盈利点分析

O2O线上和线下的连接很重要，如果没有足够的规模和线下销售团队，公司很难做好。我国O2O市场目前依然处于早期的发展阶段，以优惠券为例，就有大众点评、丁丁网、维络城、布丁等多家公司，应用众多，同质化严重，除了传统的广告模式，尚未真正找到赢利方向。

在移动支付、移动电商等关键环节多数企业都缺乏有效支撑，更重要的是，对于O2O企业来说，线下服务的拓展能力和数据分析能力更是影响用户体验的核心。

创投圈创始人兼CEO李晓宁分析了O2O闭环的消费基本模型：网站吸引流量、导引顾客到线下、线下消费、网站从这个过程中赢利，积累数据。他认为，第四步是难点，当消费发生在线下，如何让数据积累回到网站，则非常困难。没有第四步，公司很难维持赢利。

这正是O2O的瓶颈。“O2O行业的趋势是商户越来越不愿意付广告费。”丁丁网创始人兼CEO徐龙江指出，商家越来越倾向于可以衡量效果的推广投入，因而广告模式必然遇到瓶颈。

徐龙江认为，解决问题的关键在于革新收费方式，从广告模式走向按效果计费。要想真正达到按效果收费，则必须完成闭环验证。

另外，O2O赢利模式还存在两个平台的协调问题。

网络渠道和传统渠道的平衡是很难把握的，尤其是对电子商务来说。如果做的是宣传介绍型、品牌形象型、订单导向型或者招商加盟型的网站，基本上都是从网上带来订单，不是在网上直接销售产品。顾客主要是通过网络找到企业，经过了解、协商，再讨论合作、成交的事项，这就不存在平衡的问题。这些产品包含很多服务概念，通过网上直接销售比较困难。

如果做电子商务，有一些标准化的产品，比如化妆品，就完全可以在网上销售，此时就存在一个网络渠道和传统渠道价值平衡的问题。要解决这个问题，有以下几个策略：

一是线上线下产品区别的策略。这个策略十分重要，比如网站上卖的产品和线下卖的产品是不一样的，不同的型号、不同的包装，线上线下区别对待。

二是巧妙地运用产品捆绑销售的策略，即购买一个产品是一个价格，同时购买两个产品价格可以便宜一些，或者卖一个化妆品搭配另外一个产品又是另外一个价格，或者是搭配赠品，这些都是可行的。网上购物价格普遍较低，因此就要多给消费者一些优惠，而产品捆绑可以破除价格冲突的问题。

三是可以发放网上优惠券吸引顾客到网上购买。优惠券本身就是一个广告，通过邮件等方式向网民发放优惠券，同时宣传产品打折、商家活动等信息。即使收到的人不会使用，看到这些信息的人也会觉得很有价值。

四是做一些不定期的特价销售，吸引顾客到网上来。现在很多产品在网上做推广都用“秒杀”的方法，其实就是一个不定期的特价销售，把产品的价值宣传出去之后，再用特价销售的促销方法。超低价格，必须在某个时间点来抢购。这样的推广宣传效果非常好，可以把网站做得很活跃、很互动，同时也很有特色。

五是尾货打折的策略。尾货打折清仓相对会便宜一些，也可以吸引消费者。

以上几种策略都可以让线上线下的价格渠道保持平衡，破除乱价的问题。

## 第四节　国内家居O2O先锋：美乐乐成功转型

O2O赢利模式，对于传统企业而言，是互联网化转型与升级的突破口，当然，O2O模式不是简单地从线下到线上，也不是机械地从线上到线下，而是将线上和线下很好地融合、联动，线下是线上的完美体验店以及销售供应的支撑，线上则是线下展示的平台以及最佳的销售渠道。只有调整好了这两方面的定位与关系才能真正打通O2O模式。

我们知道，传统家居类产品主要通过线下渠道进行销售。品牌家居厂商以自营的方式或通过经销商在专业的家居商场（如居然之家、红星美凯龙等）开设品牌专卖店，或独立开设品牌专卖店，以线下实体店形式面向消费者，供消费者进行实物体验、选购，并提供安装及售后服务。

然而传统流通环节中的渠道费用高，专业家居卖场租金近年来保持逾15%的增长。过高的渠道费用和冗余的流通环节推高了家居产品的终端价格，降低了分销效率，同时重点城市实体渠道布局逐渐饱和，家居线下销售增速明显放缓。

以中国知名的家居卖场红星美凯龙为例，近年来随着互联网购物的兴起，掀起网上购买家具的热潮，其实体店销售额增长率持续下降，这就倒逼家居由“线下”模式向“线上”模式转型。

家居产品因其特殊属性，线上销售有很大的局限性，一般来说小件、单价低的家居适合线上销售，而相对高价及大件的产品线下体验则很重要。对于家居产品而言，简单复制普通消费品（特别是3C、数码等小件标准品）的网购模式都会遇到困难。因为家居产品具备特殊属性，如单件价格高、标准化程度低、消费惯性弱、消费者需要实际体验等，为消费者直接对家居产品进行网购的自主性和黏性都带来困难。

后“互联网+”时代使得线上可较快、较广地聚集客流，有效突破了传统的线下空间，触网是未来的必然方向。然而，消费重视产品体验等特性，使得普通的网络直销模式难以适用，因此线上、线下相结合，O2O模式之于家居市场的应用顺势而生。

家居O2O模式是：线上引流，消费者在网上挑选家居产品，到实体门店体验消除信息不对称，返回线上下单付款，同时线下负责配送安装及售后，消费者最后通过线上完成评价和信息反馈，提供数据分析。“线上引流——线下体验安装——线上成交反馈，形成客流、资金流、物流、信息流的完整闭环。家居O2O模式关键在于供应链一体化管控。

家居O2O的基础元素主要有四类：第一类是线上吸引流量入口。可以是天猫等平台型电商，也可以是自主品牌网站（如美乐乐、宜家）。第二类是线下体验方式。可以是经销商线下门店（通常为此前已有的实体门店布局）或自建的专门体验店。第三类是成交方式。传统的方式是线上直接下单购买，家居行业也出现线上召集、线下成交的模式（如齐家网等）。第四类是配送方式。采取第三方物流或自建物流体系。

O2O模式的核心在于"线上引流、线下服务"，实现互联网与实体店的良性互动。美乐乐的O2O相较于家具电商的优势主要体现在服务、体验与品质三方面。家居企业借助O2O，既拓展了新的线上渠道（产品陈列和展示空间），又解决了重消费体验等产品属性问题，O2O将引领家居行业渠道变革的未来趋势。

美乐乐是出现在2013年的一匹电商黑马，它的迅速崛起在于O2O模式。美乐乐CEO高扬认为，美乐乐成功最主要的因素在于O2O模式的成功。

高扬说："美乐乐O2O基本上是线上做营销，线下做体验和服务。O2O的核心、关键不是线上做得多好，或者线下做得多好，也不是两个'O'，而是怎样把人从线上拉到线下来，这是很多企业做不出来的原因。比如说，光线上企业，你说它线下做不好，其实它可以找一堆线下的人。我有很多创业的朋友，做互联网的人，做传统企业的人，他还是做不好，他没有办法把线上的人拉到线下来，我看到很多公司都是这样做的，都是这样的问题。"

一个线下企业想做O2O，第一是线上做不好，或不会做。即便线上做得好也没有用，其根本是怎么把人拉到线下来，这点是最难做的。因为这不只是说你要懂线上，而是线上和线下要配合着做。

美乐乐选择将线上作为根据地，可以吸引到全国的流量，节省线下门店的租金，从而将售价降低，占据价格优势，吸引消费者。

美乐乐又涉足线下体验馆，主要供线上体验用，将线上流量转化为线下交易量。体验馆不仅作为在当地城市的实景展厅，还作为小型仓库，缩短家具运输距离。另外，美乐乐还创建装修网，整合了多种家居、家装资讯，细化生态链中多个消费环节。

美乐乐还通过集中SKU，把每一个产品的量加大，从而大幅降低生产成本，等有了规模效应以后，不论从生产、运输各个方面都可以得到提升。美乐乐在生产与运输两个环节就获得了20%左右的成本优势。

美乐乐家居网根据其自身发展，从传统的B2C业务拓展出“美乐乐家居体验馆”这一线下平台，从本质上降低了过去冗长的渠道成本，打破了过去企业和消费者信息不对称下的价格虚高局面。

作为家居行业O2O“第一个吃螃蟹”的企业，美乐乐的O2O模式是较为成功的。但从它对外招商的举措来看，其战线铺得太长，还没有明确的方向；而“网上低价+网上推广+线下店铺”的模式能否推动线上线下活动，克服低价高成本的运营缺陷，还值得关注。

## 第五节　互联网发展趋势：产业互联网时代到来

伴随着我国互联网技术的飞速发展，互联网产业出现了BAT（百度、阿里巴巴和腾讯）这样的互联网巨头，它们在搜索、电商和社交领域都崭露头角，同时它们也代表着消费互联网已达到顶峰状态。

然而从互联网发展的角度看，消费互联网市场已趋于稳定与饱和，而对实体资源有充分把控能力的企业仍有很大探索空间，它们正在尝试与移动互联网融合，创造全新的价值经济，进而推动互联网行业迈向产业互联网时代。

### 1. 消费互联网

消费互联网是应满足消费者在互联网中的消费需求而生的互联网类型。其具备两个属性：一个是媒体属性，由提供资讯为主的门户网站、自媒体和社交媒体组成；另一个是产业属性，由为消费者提供生活服务的电子商务及在线旅行等组成。这两个属性的综合运用使以消费为主线的互联网迅速渗透至人们生活的各个领域，影响着人们的生活方式。

消费互联网的商业模式则是以“眼球经济”为主，即通过高质量的内容和有效信息的提供来获得流量，从而通过流量变现的形式吸引投资商，最终形成完整的产业链条。

在消费互联网时代，互联网以消费者为服务中心，以提供个性娱乐为主要方式，虽能在短时间内迅速吸引眼球，但由于其服务范围的局限性，以及未触动消费者本质生活，也易导致其迅速淹没于互联网发展的浪潮中。

### 2. 产业互联网

在互联网发展的前20年中，我国的互联网行业处于由BAT把控命脉的消费互联网时代，然而随着虚拟化进程逐渐从个人转向企业，以价值经济为主要赢利模式的产业互联网将逐渐兴起。产业互联网的到来意味着各行业如制造、医疗、农业、交通、运输、教育的互联网化。

同时，由于传统的消费互联网巨头在行业经验、渠道、网络和产品认知等方面的壁垒，产业互联网将呈现一片蓝海。

**（1）产业互联网兴起的基础**

终端、云计算和宽带网络是产业互联网兴起的基础。随着移动终端多样化的发展，智能终端如可穿戴设备的兴起，以及云计算和大数据的处理能力，互联网逐渐从改变消费者的个体行为习惯，到改变企业的运作管理方式与服务模式转变。

在这场变革中，有三项关键技术加速了产业互联网时代的到来。

首先是渗透与普及率较高的智能终端技术。智能手机与平板电脑等智能终端的迅速兴起，使人们每日虚拟化的时间进一步拉长，而如谷歌眼镜、智能手环的发展，更是使智能设备贯穿每日24小时，这就意味着来自个人的大量信息将全天候不间断地向信息中心传递数据。

其次是云计算与宽带网络。拥有大量数据后，高效运作的云计算能力将对这些数据进行有效处理，通过关联性分析得出相匹配的数据，从而发挥其大数据的重要作用；而不断升级的宽带网络将在大数据的信息传递中扮演重要角色，在企业方面，将助力产业互联网时代的生产资料大数据的快速传输。

在消费者方面，将提升服务体验，增加服务形式。新的计算及计算技术与应用将以更低成本的传感器、数据存储和更快的数据分析能力，推动产业互联网时代的到来。

**（2）“产业互联网”区别于“消费互联网”的特征**

产业互联网有别于消费互联网主要体现在两个方面：

一方面是用户主体不同。消费互联网主要针对个人用户提升消费过程的体验，而产业互联网主要以生产者为主要用户，通过在生产、交易、融资和流通等各个环节的网络渗透达到提升效率、节约能源的目的。

另一方面是发展动因不同。消费互联网得以迅速发展主要是由于人们的生活体验在阅读、出行、娱乐等诸多方面得到了有效改善，使其变得更加方便快捷；而产业互联网将通过生产、资源配置和交易效率的提升得以推进。

消费互联网与产业互联网的区别如图3-2所示。

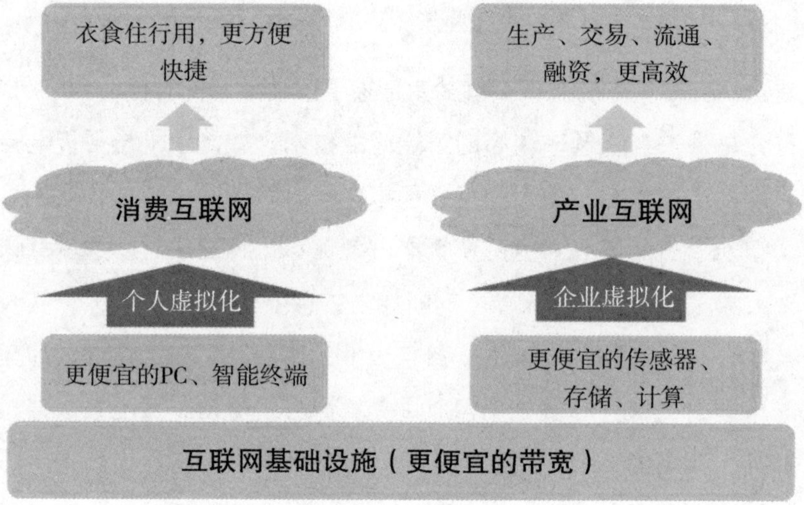


**图 3-2 消费互联网与产业互联网的区别示意图**

产业互联网的商业模式有别于消费互联网的“眼球经济”，而是以“价值经济”为主，即通过传统企业与互联网的融合，寻求全新的管理与服务模式，为消费者提供更好的服务体验，创造出不仅限于流量的更高价值的产业形态。

**（3）产业互联网紧密关联的三大领域**

第一，生产制造体系。以用户为导向的个性化设计。产业互联网在与传统企业融合中的最大特点，即将原有以企业为导向的规模型设计转向以用户为导向的个性化设计。从产品功能研发到产品包装设计，每一个部分都通过互联网思维与用户建立关联，争取更广泛的互动，从而形成有效的生产制作方案，强调用户的参与度，尊重用户的个性化需求。

同时智能家居在产品功能设计方面，越来越多的产品通过支持联网功能达到智能化应用程度，不仅改变了人们的使用习惯，更拓展了生活维度，享受到智能科技在生活细节中的应用。

第二，销售物流体系。线上线下一体化是主要趋势。传统行业为了节约资源与时间成本在分销采购等方面已逐渐采用B2B的交易方式。企业重视线上平台的交易与建立，并逐步完善支付手段、电子商务安全认证等体系，也促使大量的批发业务由线下转移到线上交易。

在未来，企业应充分利用线下资源的优势，拓展线上平台，并将线下的物流、退货等业务流程进行线上管理，最终实现线上线下一体化。由此看来，产业互联网在物流交付平台和信息集成交易平台的建立是企业与互联网融合的一个主要方向。

第三，融资体系。建立中小企业融资服务平台。由于我国金融行业长期受体制因素的限制，导致结构失衡，明显体现在20%的大企业客户占用了80%的金融资源，银行借贷动力不足，使得众多中小微型企业得不到有效的金融服务，制约了其发展。互联网金融由于其成本低、效率高，同时解决信息不对称等问题，或将在中小微企业融资领域发挥重要作用。

**（4）产业融合的三大路径**

首先，建立产业园区促进双方融合。产业园区的搭建，有利于吸引龙头企业、产业链和产业集群，通过电子商务等手段进一步实现产业集群向“在线产业带”的转型。

重点发展产业互联网，需要着重推动传统产业与互联网金融结合，从打造在线要素交易融资平台入手，盘活存量资产，用电商和互联网平台推进企业信用信息服务平台建设，在产业园区内最终建立起专业市场投融资体系。

其次，积极推进生产性服务业发展。一个行业进入繁荣发展时期，企业直接面对众多用户的简单“B-C”模式难以为继，因此需要一个向上衔接生产企业、向下服务终端用户的生产性服务业出现，变“B–C”为“B–B–C”。

生产性服务业的发展水平，是衡量一国经济现代化程度的重要标志。当前，新兴信息网络技术已经渗透和扩散到生产性服务业的各个环节，催生出各种基于互联网的新兴服务业态，并成为互联网经济背景下成长性最高的产业群，在生产性服务业领域引发一系列深刻变革，从技术应用、服务内容、商业模式各方面都对现有的服务业带来巨大的提升。因此生产性服务业的发展壮大将是下一个重点融合方向。

最后，传统企业与互联网公司联合互助。在产业互联网萌芽阶段，传统互联网自身要有改良意识，同时互联网企业包括运营商等应积极主动地引导与帮助传统行业转型。

一方面传统行业要借助互联网的力量，从互联网的思维出发，仔细研究互联网环境下产业的走向问题，积极应对互联网迅速发展所带来的危机。另一方面，互联网企业需要担负起自身责任，从理念、战略定位和经营方式上向传统行业提供相关咨询服务，从而使两者在产业互联网时代共同发展。

# 第四章



## 品牌模式：后“互联网+”时代的品牌打造

后“互联网+”时代，品牌的“品”字中有三个“口”，可以这样理解：一是产品，离开产品谈品牌，品牌则成为无源之水。二是品质，“好的产品自己会说话”。正如迈克尔·哈默所说，“豪华大巴司机的微笑永远也不能替代汽车本身”。消费者更重视他们所得到的最终结果，再好的营销最终还是要靠产品来说话。三是用户之口，就是有口皆碑，口口相传。毕竟，好的产品本身就具有很强的传播性，很容易引发口碑效应。

## 第一节　什么是品牌模式

品牌与我们的生活息息相关。越来越多的人在消费时，会趋向于选择品牌，因为其质量和服务更有保证；而越来越多的公司也认识到，最有价值的资产之一是与各种产品和服务相关联的品牌。

那么，到底什么是品牌呢？

举个简单的例子，我们看到海尔的标志，会想到“真诚服务到永远”，想到海尔产品的高品质，会想到海尔砸冰箱的故事，等等。这一系列的联想和感受的总和，就是海尔的品牌。

再如，提到茅台你想到的是什么？想到国酒、酱香、历史悠久。提到沃尔沃你会想到什么？安全。提到海飞丝你会想到什么？去屑。诸如此类的联想和感受就是品牌。

有人认为，品牌是一种错综复杂的象征，它是品牌的属性、名称、包装、价格、历史、声誉、广告风格的无形组合。这个定义受到不少国际性广告公司和咨询公司的认同和传播。但是，这是广告界的定义，准确地说是传播意义的品牌定义，并没有真正切中品牌的要害。

本质上，品牌是一个营销概念，而非传播概念。品牌是通过产品、附加值、承诺和识别与顾客建立起的一种关系。它可以通过品牌视觉符号、产品或服务、品牌附加值以及品牌承诺四个角度加以诠释。

下面，我们就从这四个不同的角度分别做出分析。

### 1. 品牌是一种视觉符号

品牌是一种视觉符号，企业标志和标识语等经过宣传后称为品牌的一部分，但并不是品牌的全部。企业标志和标识语可以随着企业的发展而重新更换，但品牌的价值却不断累积。比如宝洁，宝洁公司及其旗下各品牌取得的巨大成功使得品牌的概念深入人心。

### 2. 产品或服务是品牌构成的核心和基础

产品或服务是品牌构成的核心和基础，但仅有产品品质或者优质服务并不等于就有了品牌，产品或服务只是品牌价值构成的基本的功能性要素。

下面，我们以可口可乐为例。

品牌价值最高的是可口可乐，你说它有多少技术含量？有人说它有技术含量，有一个别人都不知道的秘密配方，在保险柜里锁着，过了一百年了，现在不到五个人知道。大家想一百年前一个药剂师，一不小心将两种药错配在一起而产生的一种产品，能有多神秘，凭现在的科技能不知其配方吗？

即使可口可乐有一个秘方，是不是秘方就是最好的饮料配方，另一家企业可能生产一种饮料比其还好喝，或者说我掌握了这个秘方，别人相信吗？那个秘方到底有多神奇？最重要的是通过宣传，大家都相信了可口可乐有一个神奇的秘方。

可口可乐最大的成功在于品牌运作得好。可口可乐的制造商、品牌商和灌装企业是分开的。可口可乐自己是不罐装的，是销售商来生产。可口可乐就是运作品牌，另一个就是掌握母液，即可口可乐的原浆。这就让顾客不知道母液里面究竟是什么成分。没人知道里面是什么，其实里面是什么并不重要，重要的是可口可乐已经把品牌做出来了，人们都接受了这个品牌。

### 3. 品牌是一种高于产品的附加值

品牌是一种高于产品的附加值，它包含情感、文化的内容。客户通过使用具有品牌价值的产品或服务可以表达其个人价值主张或个人形象的社会价值。比如，看到奔驰，你会想到它是身份和地位的象征，这就是品牌赋予产品的文化和价值。

### 4. 品牌是一种承诺

品牌是一种承诺，是一种无形的契约关系，是企业对客户的最终承诺，它代表了持久的客户信赖关系。比如艾维斯，它向顾客坦诚地说自己是租车市场的老二，而不是第一。因为第一已经被他人占有了，它承认了自己的不足，反而赢得了客户的信赖。这就是承诺。

随着互联网技术的发展，网络品牌如雨后春笋般冒了出来。网络品牌又称网络商标，是指公司名称、产品或者线下品牌在互联网上的延伸和保护。线下商标、品牌词注册后受商标法保护，但是超过一定范畴，商标法是做不到约束和保护的，如果企业想在互联网上发展和营销使用，需要在互联网中心登记注册网络品牌，以保证线下品牌在互联网上的安全使用。做到全网保护，也就是公司网络知识产权的全面保护，从而避免网络品牌流失。线下和线上都需要品牌保护，同时网络品牌具有唯一性、稀缺性、权威性，保护了网络品牌，也就是避免了品牌的重复性。

## 第二节　品牌模式的内涵及本质

在单一产品格局下，企业的营销传播活动是围绕着同一个品牌的资产而进行的。单一产品决定了只能有一个品牌，比如，苹果公司一开始做苹果电脑，品牌宣传就是围绕苹果电脑来的。

随着企业的发展，产品线的不断扩展，当一个企业面临多个品牌或推出新品牌的时候，就产生了品牌模式的选择问题。规划一个科学合理的品牌模式，对企业多快好省地打造强势品牌是至关重要的，它一方面能使品牌保持平衡，避免重心模糊、市场混乱和资金上的浪费，同时能使品牌之间产生“相映成辉”的促进作用，可以说品牌模式的选择对企业效益的影响是极大的。

毁灭一个品牌最容易的方法就是把这个品牌名称用在所有的事物上。在一个母品牌的基础上，上下延伸全脱离消费者对品牌认知的产品，或者规划更多子品牌来提高市场份额，这是一种致命的错误。

品牌延伸是将一个成功的品牌延伸到你计划推出的一个或多个新产品上去的做法。违背品牌专有法则的表现就是品牌延伸。

企业为了发展规模与提高市场份额，导致产品线的过度发展。许多企业，中高价位获得成功于是渴望在低价位放量，中低价位成功了又渴求在高价位突破，欲望的膨胀导致企业在多价位上进入一个比一个更加惨烈的竞争，企业资本严重消耗并被竞争拖入深潭而无法自拔。

如果我们用心观察，一个小镇上的商店往往是什么都出售的杂货店，而在城市，杂货店是越来越少，专卖店是越来越多。常识告诉我们，市场越大，产品越趋向细分和专业。事实上也是这样，在更大的市场里，企业在各个领域会面对更多、更强大的竞争对手，因而成功的机会大大减少。

很多企业不断地犯同样的错误——品牌延伸，比如三星、LG，日本和韩国的企业如此，中国也有很多大企业在做这样的事情，比如海尔、娃哈哈、春兰。当竞争对手还没有聚焦的时候，你的品牌延伸看起来会强大，你做什么品牌好像都可以独大，但当一个产品最后出现一个聚焦，就会把你的一部分市场抢走。

先以娃哈哈为例。娃哈哈品牌从AD钙奶延伸到瓶装水、果汁、牛奶、绿茶等领域，并在短期内实现了销量的增长。娃哈哈的品牌延伸一度被国内部分营销人士称为品牌延伸的经典，并以此为据反驳定位理论。但事实上，娃哈哈的品牌延伸稀释了人们对该品牌的认知，娃哈哈在延伸领域几乎没有一个处于“数一数二”的位置，利润也大幅下滑，这也成为其被迫与达能合资的主要原因。

再以海尔为例，海尔的产品涉及电器、IT、饮食、医药甚至金融等行业。实际上，除了海尔最先进入的领域如洗衣机、冰箱等少数产品能够占据第一品牌的位置，海尔延伸的其他大多数产品并没有成为领导者。

当海尔凭借知名度和出色的服务口碑从最先的冰箱延伸到洗衣机行业的时候，国内洗衣机行业还没有产生实力、知名度可以与海尔抗衡的企业，竞争较弱，因此海尔在洗衣机行业能够迅速成长，成为国内洗衣机的第一品牌。然而，当海尔后来进入彩电、电脑、空调、手机等领域的时候，情况就大不一样了。在这些领域里，海尔遭遇到了大量“专家品牌”的阻击：在彩电行业，强势的专家品牌有TCL、长虹、康佳等；在电脑领域，强势的专家品牌有联想、戴尔等；在空调领域，强势的专家品牌有格力、美的……。海尔再也不是顾客的首选。如果说刚开始的时候，海尔还可以凭借知名度在新的领域里分得一杯羹的话，随着行业中专业品牌的不断发展壮大，海尔在这些领域中的竞争力越来越弱。

在顾客心智中，一个品牌占据着重要的位置，一旦你进行品牌延伸，你实际上为自己设立了一个敌人。特劳斯说过："在营销世界里，没有客观的现实，也没有最好的产品，只有一样东西——现有的潜在顾客心智中的认知，认知即是现实，其他皆为虚幻。"

可口可乐的老总说："即使一场奇怪的大火把整个可口可乐烧为灰烬，只要品牌不倒，我也可以在三年之内凭借可口可乐的品牌重振雄风。"现在的企业经济已经演化为成长经济，而成长的支撑就是品牌，伊利如果为了眼前的蝇头小利，去做出伤害品牌的举动，无异于饮鸩止渴。

综观中国企业，不难发现，很多知名的企业都在进行品牌延伸，这种情形着实让人担忧。虽然它们目前看起来仍然"成功"，但就像一架不符合力学原理的飞机一样，飞得越高越让人担心。

当你试图满足所有人的所有需求的时候，便不可避免地要遇到麻烦。一位管理者说："我宁愿在某一方面强，也不愿在所有方面都弱。"

Google就是搜索引擎，百度就是搜索引擎，要做别的网站，难道它们不会吗？它们没有人才吗？它们没有资金吗？它们没有技术吗？不是的。它们完全可以弄一个百度交友网站、百度邮箱，但它们不会这样做，为什么？因为它们懂得聚焦。阿里巴巴完全可以弄一个阿里巴巴购物网站，但它们很懂得用另外一个品牌——淘宝。

一个企业涉足更多的产品类型往往代表它得到的更少；涉足更少，往往代表你得到更多。一旦企业涉足更多的产品，市场上的获利就不断变小。

雅虎曾经是搜索引擎的老大，可是后来这个龙头老大的地位被Google占有了。为什么？因为雅虎又做邮箱，又做交友，又做新闻，又做笑话，首页一大堆项目，应有尽有，雅虎正是因为成为了全功能门户网站的代表，结果老大地位没有了，被Google占有了。Google只做搜索，打开网页页面干净，只需输入关键词，便可进入你需要的链接。

很多企业面对规模的需要与市场份额的提高，在既有品牌基础上不断延伸子品牌或者开发新产品，这是一个非常愚蠢的做法。一个品牌的本质是一些在人们心目中能够拥有的看法或特征或市场细分群体，打造子品牌甚至都能破坏既有品牌。

可悲的是这种品牌扩张推进会在短期内产生效果，企业领导者在短期成功面前很难意识到“体量” 增加的同时其“体质”却在下降的本质，甚至削弱了品牌赖以生存的主导产品的生命力，造成了品牌定位的模糊与产品的混乱。

打造品牌的法则是，建议公司将其所有的资源集中在单一市场的单一品牌上。这保证了品牌的聚焦性，但却忽略了进军其他新领域的机会。

分品牌运作可以解决品牌拓展问题。每个品牌都具有一个符合自己身份的独特的个体品牌，不要给这些品牌一个家族式的外观或者家族式的身份，你要使每个品牌尽可能地不同并且相互区别。

一个品牌的力量在于它有一个独立的、唯一的身份，而且这种身份在消费者心中与一个完全不同的类别没有联系。有一个在心目中完全独立的身份并不意味着创建一个完全独立的组织去管理每个品牌。

一个公司适合推出第二品牌的时机是会到来的，或许还会有第三甚至是第四品牌。但是第二品牌战略并不适用于每一个公司。如果处理不当，第二品牌就会削弱第一品牌的力量，而且浪费资源。

每个企业都要问自己，主品牌成长的战略是否已经走到尽头，分品牌是不是聪明之举，战略性介入分品牌运作对于企业来说没有几十亿的体量是难以承受资本拆解压力的。

对于发展中的企业应恪守本源，坚持集中精力先发展一个品牌的战略，其他分品牌只能战术性运作，只有先发展一个品牌获得成功才能做好下一个品牌。

企业永远要记住，品牌战略才是真正的战略。对于发展中企业或者弱势企业，不要轻易学习这些成功大企业的做法，不要让一些没有战略意义的子、分品牌蚕食主品牌。

了解了品牌延伸和品牌扩张，我们来看一下企业品牌模式的选择。

一般而言，常见的品牌模式分为以下几种：单一品牌、多品牌、主副品牌、担保（背书）品牌。只有全面认识每一种品牌模式的利弊、作用与内在规律，才能优选出与企业现状匹配（经济实力、管理能力、科研、技术、生产等方面）而又经济高效的品牌模式。

上述四种主要品牌模式的特点与表现形式，如表4–1所示。

**表 4–1　四种品牌模式的基本特点与表现形式**

| 品牌模式 | 主要表现形式 | 基本特点 | 经典案例 |
|---|---|---|---|
| 单一品牌模式 | 一牌多品 | 多种产品共同使用一个品牌 | 苹果、海尔、TCL、索尼、日立 |
| 多品牌模式 | 一牌一品、一品多牌 | 一个产品一个品牌或同类产品使用多个品牌 | 丝宝洗发水有风影、舒蕾、顺爽、丽涛4个品牌；花王的卫生巾用乐而雅、护肤品用碧柔、洗发水用诗芬 |
| 主副品牌模式 | 主品牌、副品牌 | 重心为主品牌，副品牌为点缀 | 春兰—静博士空调、海尔—小小神童洗衣机、松下—画王彩电 |
| 担保品牌模式 | 企业品牌+产品品牌 | 企业品牌为产品品牌担保 | 别克——来自上海通用，强生泰诺——信心承诺，海飞丝——宝洁公司荣誉出品 |

我们知道，P&G宝洁的洗发水采取的是一品多牌的多品牌模式，其洗发水下属的海飞丝、飘柔、潘婷、沙宣分别以“去屑”“柔顺”“健

康亮泽”“专业”的不同定位，取得一致公认的成功，但这种模式是地地道道的强者的游戏，耗资巨大且要求品牌管理的能力相当高，非强势企业不能轻易尝试。

TCL、海尔、海信等国内企业一般采取的是多品一牌的单一品牌的模式，在彩电、空调、PC等领域也取得了成功。这种模式可以大大节省传播费用，产生共享效应，但也有其明显不足之处，即当品牌的某一产品出现问题，可能产生连锁反应，“株连九族”，也往往造成品牌稀释现象。

主副品牌模式则结合了上述两种模式的优点，具体的做法是以一个成功品牌作为主品牌，涵盖企业的系列产品，同时又给不同产品取一个生动活泼、富有魅力的名字作为副品牌，以突出产品的个性形象。这样做既可节约传播费用，又可以尽量避免危机的连锁反应。如美的的“冷静星”“超静星”“智灵星”“健康星”系列空调，既分享了主品牌美的的资产，又丰富与凸显了具体产品的个性，可以说是一举两得。但主副品牌模式是建立在一个成功的主品牌基础上的，它的本质是品牌延伸。

背书品牌模式，如丰田与“皇冠”“佳美”，通用与“凯迪拉克”“别克”“雪佛兰”，则是典型的企业品牌与产品品牌之间的关系。如“强生—泰诺”所宣传的是“强生泰诺，信心承诺”；而在“通用—别克”的广告上，绝大部分信息宣传的是“别克”，只会在电视广告结束前的标版上打出“别克，来自上海通用”的字幕，在平面广告上，也一般仅仅在右下角注明“通用制造”的很小的字眼。它们往往突出的是具体的产品品牌，而不是企业品牌，优秀的企业品牌只是对具体产品品牌做出信誉、技术、服务或实力上的保证与承诺。宝洁与“飘柔”“海飞丝”“舒肤佳”之间也是如此，一般只会在广告末尾点上一句“宝洁公司荣誉出品”。

其中，单一品牌、主副品牌中的主品牌往往是企业品牌，我们又称之为企业共用品牌模式，它本质上是一种品牌延伸策略，如海信、TCL与索尼、飞利浦等企业麾下的所有产品都共同使用一个企业品牌，而海尔虽为外形美观、功能先进的冰箱冠名“帅王子”，小冰箱叫“小小王子”，但还是以企业品牌“海尔”为主来拉动产品销售的。

需要指出的是，对于上述四种品牌模式的运用，没有好与坏之分，关键在于是否合适。在实践中，一个公司应根据自身的实际情况加以选择，可能采用单独一种模式，也可能需要多种模式混合使用，经常对品牌之间的关系进行梳理，使其架构清晰是非常必要的。

如何选择品牌模式？不可否认，品牌模式的应用的确有一定的行业适应性。像高科技行业品牌就比较适合单一的企业品牌模式，如IBM、惠普、英特尔；家电行业也是如此，国内外知名企业普遍采取的是单一品牌模式，如日本的索尼、东芝、夏普、日立，还有国内的海尔、TCL、海信、长虹，等等。原因很简单，因为上述行业品牌的核心价值相对单一，消费者关注的更多是品牌背后企业的技术、品质，品牌比较容易延伸；而对于服饰而言，差异化、个性化的需求明显，往往适合使用多品牌模式，以满足不同消费者不同的心理需求。

一般而言，品牌模式的选择与行业没有直接关系，关键在于以下几条原则：

第一，企业不同的经营战略采用的品牌模式是不一样的。如果你是多元化的跨行业经营，采用单一品牌模式就要十分慎重。总之，你先要明确自己想干什么，然后再做品牌模式选择。

第二，不同的地位与实力企业采取的品牌模式是不同的。如果你是行业的龙头老大，实力雄厚，品牌模式的选择余地往往比较大，可以是单一品牌模式，也完全可以走多品牌模式。

第三，与竞争对手的品牌模式趋同。如家电行业普遍采取单一品牌模式，品牌之间个性化差异就较少。

第四，现有品牌资产的多少决定了品牌模式。单一品牌模式、主副品牌模式和背书品牌模式均建立在一个成功的强势品牌的基础上，而不是异想天开。

中国的医药保健行业的确有自身独特之处，如“宏观环境相对恶劣”“产品生命周期相对短暂”等，但与家电、PC、保暖内衣等行业比较也不存在根本的差别。品牌模式的选择与行业的相关性是很低的，品牌模式的选择取决于企业的经营发展战略、企业自身的地位实力和竞争对手的品牌模式，其根本在于现有品牌有多少，有多雄厚的资产。

回顾青春宝、交大昂立、三九等综合品牌模式的成功故事，我们不难发现，其成功的关键在于先做好单一的产品品牌，然后再扩展与延伸。如青春宝从“青春宝抗衰老片”开始，历经20多年考验经久不衰，奠定了良好的品牌美誉度；昂立则以“昂立1号”为依托，从产品经营开始，紧紧与名校联系在一起，从科技背景到产品，再由产品到公司品牌，最后从公司品牌过渡到新产品，这样昂立公司的品牌价值才得到了有效利用，而且也形成了自己强势产品阵营；三九也是如此，靠“999胃泰”起家，少有过度炒作的浮夸，稳步经营，扎扎实实做市场，才取得了如今良好的企业品牌形象。

拥有一百多年历史的“辉瑞”则更具有代表性。综观这个企业的发展历史，它在前100年的生产过程中一直没有自己的企业品牌，而到后50年里才逐步推出自己的品牌。经历过第一次、第二次世界大战的企业品牌微乎其微，能跟上世界潮流保持行业领导品牌的百年企业更是凤毛麟角。辉瑞留给世界的不仅仅是青霉素和二次世界大战盟军的动人故事，而是它的品牌从无到有、波澜不惊的历史。

上海的恒寿堂从1997年成立，品牌积累不过短短两三年，没有遵循品牌延伸的基本法则，就急功近利过早地进行品牌延伸，推出了以“恒寿堂”为品牌的金乳钙、金枪鱼油、鲨鱼甘油等系列产品；海王的问题也是如此，在本身还不是一个成功品牌的前提下，就错误地采取主副品牌模式，开始了品牌延伸，这无异于拔苗助长，自毁前程。

品牌模式的选择本身无“对”与“错”之分，但必须把握其本质，明确企业自身的经营发展战略，更要不断累计品牌资产。可以说，很多主副品牌模式建立整体品牌的愿望是好的，却犯了常识性错误，片面地理解主副品牌模式，忽视了主品牌在其中的核心地位，仅凭良好的愿望与一掷千金的魄力是不可能打造健康产业的强势品牌的。

## 第三节　成功的移动互联网品牌

后“互联网+”时代，企业应该更加注重品牌建设。俗话说得好，“金杯银杯不如老百姓的口碑”。一个好的品牌，是沉淀出来的，而不是仅靠广告“砸”出来的。世界上凡是能够历久弥新的制造业名牌企业，无不以生产管理和技术研发的进步为基础，然后在此基础上不断扩大市场，进而提升企业的品牌声誉，最终形成良性循环。

然而不幸的是，我国不少企业虽然看到了知名品牌的商业价值，但它们塑造知名品牌、推动企业发展的方式却不是依靠改进生产管理和技术研发，而是依赖于营销。其营销的主要内容又完全是高强度的广告轰炸和各种各样的“作秀”。“先建市场，后建工厂”是这些企业惯用的策略，再加上营销、广告等行业的机构、学者极力倡导，这种完全依赖营销来发展的模式在企业界非常流行。

任何一个品牌都不可能脱离消费者而存在。只有当消费者认可你时，你的公司或者产品才算是有了品牌的影子。否则，即便你花大价钱买来“标王”，在消费者那里，你也是一钱不值。

现在早已不是那个在电视或平面媒体“砸”广告就能“砸”出品牌

的年代。网络社会的品牌是口碑的品牌。没有口碑，品牌就是虚幻的；有了口碑，品牌才算有了立足的基础。现在的消费者，在购买某种产品之前，已经习惯于到网上看评价。如果用过的消费者说某种产品好，他们就会购买；反之，他们就会选择其他厂家的产品。

网络让许多原本不透明的东西变得透明。厂家在广告上的“一面之词”“自吹自擂”，早已不能打动消费者。因此，要想树立一个好品牌，厂家除了把产品做好，把服务做好，再无他途。

后“互联网+”时代，也许每个从事电商的老板都希望打造一个电商品牌，上演一场普通人逆袭的好戏。如何从零开始打造电商品牌，我们从三只松鼠的品牌故事里可以看出一些端倪。

三只松鼠创始人章燎原表示，电商企业应该学会用互联网与用户建立情感联系。过去的传播路径，要通过巨额的广告费接入，而在互联网，一切都变得更加容易。

章燎原以自己的产品举例：“我们调侃自己是动漫界食品做得最好的，食品界当中动漫做得最好的。这两者跨界到一起，这是年轻人非常喜爱的，我们的快递箱称为‘鼠小箱’，你看到短信、收到包裹，都会发生情感上的变化。”

据获悉，2016年“双十一”三只松鼠全渠道销售额达5.08亿元。此外，三只松鼠在天猫“双十一”食品类品牌销售额排行榜中名列第一。这些数据成功的背后，在章燎原看来，是三只松鼠通过自己的客服与1000万名消费者建立了沟通，这远非靠广告就能达到。

在三只松鼠看来，电商应该用更好的方式替代广告。“最好的营销一定是看不出营销的痕迹。”章燎原坦言，自己最痛恨“营销”这个词。“我们根本没有PR团队，里里外外透出的是一个真实的企业。”

对于引以为豪的客服，章燎原表示，销售指标的考核是次要的，主要考核的是跟用户的黏性和沟通。在他看来，由于电商去掉了中间环节，相比传统的商超，成本降低了30%以上，而且产品的流通效率有了很大提高。

总之，三只松鼠销售额全网第一是结果，能够抓住产品的核心——以顾客为本是其重要原因。

第一，注重产品的品质。不管是线下还是线上，一切从顾客出发，没有人不希望自己买的东西物美价廉。三只松鼠作为零食一类，除了好吃之外，消费者大都希望买的零食新鲜、绿色、健康；而三只松鼠厂家深入各大原料产地，建立直供合作关系，保证质量。以其所售坚果为例，开口松子从东北直接进货，山核桃直接从临安进货，野生山核桃仁直接从湖南进货，等等，第一时间保证了产品原料的新鲜与原汁原味。

第二，注重产品的细节。区别于传统店铺，做电子商务，有很多细节，而细节方面关系到客户的体验，直接影响品牌与销售。三只松鼠对细节非常看重，比如特别注重产品的包装与物流包裹。三只松鼠的包装设计具备设计美学特征，为了更好地优化体验，包装袋的更新换代较为频繁，不少“粉丝”都表示自己当初就是觉得包装很漂亮而进店消费的。物流包裹则是采用质地坚硬的五层牛皮纸、防偷盗胶带，还有开箱器等，这无疑是消费者网购体验所需要的，而三只松鼠恰恰做到了这一点。

第三，注重物流速度。在电商企业中，京东自建物流网，而为了让顾客更加快速地收到货，三只松鼠自建物流系统，开了北京仓、广州仓、芜湖仓，开创了全国首家提供当日发、分仓地当日达、周边省市次日达的极速物流体验食品电商，这毫无疑问再次提升了顾客对三只松鼠的购物体验感。

三只松鼠通过以上三点，充分围绕顾客的购物体验来展开，这三方面做好了，自是会从顾客那里传出口碑，如此逐渐形成一个良好的口碑效应，越来越多的人知道，渐渐地，一个品牌就这样形成了。

后“互联网+”时代，品牌就是“粉丝”追逐的一股劲头，就是我们过去常说的价值。

“粉丝”是英语“Fans”的音译，是狂热、热爱之意，后引申为影迷、追星等意思。从“粉丝”的定义上讲，“粉丝”是对偶像的一种崇拜，一种痴迷，一种追随。他们具备忠诚、热情、狂热、积极、充满感情的特点，哪怕是明星的广告、海报，他们都很喜欢。他们还会持续付出自己的消费行为，不被流言迷惑，更愿意维护偶像的形象。我们来看看“粉丝”的特征。

### 1. “粉丝”对偶像有着狂热的爱

我们年轻时都有自己所喜欢的偶像，但喜欢不等于“粉丝”。真正的“粉丝”应该是热情的，甚至是狂热的。他会关注偶像的每一条新闻，每一次发布会；房间里，微博里，空间里，到处贴满了偶像的照片。这还不算什么，真正“发烧”级的“粉丝”，会追随偶像到他每一次可能出现的地方；在偶像伤心流泪的时候，也会跟着痛哭流涕；而一张偶像的签名，一张合影，会令他们激动万分。

### 2. “粉丝”对偶像十分信任和忠诚

当年的“方韩大战”中，方舟子一次次地攻击韩寒，但是喜欢韩寒的人，依然在喜欢着他，因为他坚信韩寒是没有代笔。当然，喜欢方舟子的人，也坚信自己的偶像是正确的，哪怕方舟子打假方式被人诟病，基金账目被质疑。郭敬明的“粉丝”何尝不是，对他的质疑从出道时就没有间断过，但他十年屹立不倒稳居畅销榜，除了聪明的商业头脑外，“粉丝”的不离不弃是郭敬明成功的最大保障。

### 3. “粉丝”十分了解自己的偶像，并投入情感

“粉丝”对偶像的一切都如数家珍，不然都不好意思称自己是“粉丝”。他记得偶像的生日、星座，喜欢吃的菜，喜欢去的地方，交往过的恋人；知道偶像的每一部电影、每一首歌，甚至连电影里很多台词都记忆深刻。在“粉丝”心中，偶像与家人、恋人、朋友一样重要，虽然远离自己的生活，但在他心中，始终有一个位置留给了偶像。

### 4. “粉丝”都是以群体存在的，喜欢聚合

“粉丝”代表的是一种群体文化，为了寻找一种集体的归属感，他们会加入各种的歌友会、影迷会、粉丝团、贴吧、QQ群、微博群、豆瓣群。在网络空间里，他们分享、讨论关于偶像的资讯、照片，参与各类的线上活动。在现实空间里，他们聚在一起为偶像庆祝生日，或者组团参加偶像的演唱会、新闻发布会。

### 5. “粉丝”有排他性，偶像的敌人就是他的敌人

每个人都觉得自己喜欢的偶像是最优秀的，不允许别人否定他，而且偶像的朋友，就是他的朋友，偶像的敌人，就是他的敌人。在方韩大战中，双方的“粉丝”水火不容，同样，韩寒和郭敬明的粉丝也是如此。

### 6. “粉丝”不拒绝偶像的广告，还乐于传播

一般人对广告都有排斥性，或者是被动地接受商家的广告。“粉丝”则不一样，他们并不拒绝偶像的广告，甚至很喜欢，并成为广告的重要传播者。例如，“米粉”对广告的参与热情很高，帮着小米手机进行口碑传播。

### 7. “粉丝”愿意为偶像付出自己的消费行为

“粉丝”还会为偶像付出自己的消费行为。他们看偶像的电影、听偶像的唱片、穿偶像代言的衣服、阅读偶像出版的自传、吃偶像代言的食品。正是“粉丝”如此庞大的消费能力，偶像的市场价值才得以体现。

人类已经进入了一个恋物的时代，或者叫作品牌崇拜的时代。“粉丝”们崇拜的不再只限于娱乐明星，任何人、物、话题都可能成为“粉丝”聚合的对象。我们会像迷恋明星一样，迷恋一件产品、一个品牌，或者是一个企业。

“粉丝”钟爱这个品牌的每一款产品，并对它们的功能了如指掌，投入自己的感情和关注，连广告都很喜欢，当然更会付出自己持续的消费行为，有时还会捍卫品牌的声誉。这一切都源于他们对品牌的信任和狂热。

“果粉”对品牌的崇拜是惊人的，而“米粉”同样很狂热；而痴迷和狂热的背后，则是企业巨大的成功，如今苹果是全球市值最高的企业，而小米也是关注度最高的国产智能手机之一。

## 第四节　如何推进品牌经营

品牌时代的到来，使得“品牌”一词的使用频次骤增。有的公司认为，品牌是为企业创造持续、稳定、独有的有形和无形利益的竞争手段，是企业通过产品、服务与顾客建立的需要企业主动追求和维护的一种关系。品牌在市场上的良好销售表现及与顾客建立一种较稳定的关系，便逐渐积累为品牌资产。品牌资产是企业的一种最有价值的长期投资。

什么是品牌资产呢？品牌资产一般有广义和狭义之分。

狭义的品牌资产，是确定品牌的财务价值，然后应用到日常经营和重大投融资中的工作，具体包括品牌价值审计、内部有偿使用和外部有偿使用。

广义的品牌资产是品牌的实现途径，也就是说，通过这些途径，可以让顾客认知一个独特的品牌，比如产品质量——中国移动的网络覆盖率，顾客形象——奔驰车的主人，等等。

营销大师凯文·凯勒认为，在企业全球化浪潮中，建立强势品牌的关键是建立品牌资产，并且建立长期测量与管理品牌资产的机制。

面对中国企业所面临的全球化挑战，以及应有的品牌策略，凯勒认为，在谈到品牌策略前，必须先理清品牌资产的状态。品牌资产应该是“可单独归因于品牌所达成的营销效益”。换句话说，一项产品或服务的营销活动，由于顾客对于品牌辨识度的高低差异，而得到不同的成效，这就是品牌资产。

经营全球性品牌的关键在于，企业必须在每一个市场都建立起品牌资产，同时也必须长期测量和管理品牌资产。几乎所有顶尖的企业都认同这个事实。如果要打造强势品牌，首先必须在顾客心目中建立起强烈、认可和独特的品牌联想。

首先，要做到这一点，企业必须确保顾客在购买或使用其产品和服务时得到特殊且正面的体验。

其次，企业在打造品牌时，必须具备一些有关市场判断、侦测和研究的知识和技能，如此才能针对顾客和竞争对手提供精辟的洞察。此外，创造力也是要件之一，有助于找寻全新和原创的方法，以满足顾客的需求，填充其匮乏。

最后，在进行任何一种营销活动时，善于将资源进行最适当的分配，这将是企业非常珍贵的商业技能。广告和营销在建立品牌上固然扮演着重要角色，但绝不是全部。

所有品牌都必须持续地向前迈进，亦即不断地创新和建立与读者的关连性，但是切记要朝着对的方向上。

例如，星巴克是一家擅长提供优质产品、服务以及满足顾客渴望的公司。如果企业都能效法该公司的做法，媒体就会报道，顾客也会主动谈论。正面的口碑和公关是建立品牌时非常有力而且成本低廉的方式。

品牌营销人员在建立品牌时应该具有创造力，并且在设计和执行营销计划时表现得有纪律。他们必须具备敏锐的观察力，喜欢研究顾客和竞争对手，同时还必须能够站在顾客的立场来看问题，确保公司能够听到顾客的声音。最后，他们还必须和公司的其他部门合作共事，如此才有助于解决他们在营销时所遇到的物流、财务、法令规范及其他难题。

在研究拟订营销计划时，应该认识到顾客所扮演的角色是潜在且积极的参与者。但是也有许多顾客对于扮演这样的角色其实并不感兴趣，在互动或响应上也比较消极被动。因此，如何恰如其分、审慎地对待顾客则非常重要。

企业的做法之一就是，针对那些确实想要参与其中的顾客，建立起品牌社群，进而培养他们对于品牌热切且积极的忠诚度。换句话说，聪明的企业会设法适度地让顾客参与其品牌建立。

所有品牌都必须专精于创新、创造以及与顾客的连结，否则将会导致品牌价值的消失。对于众多企业来说，须专注于创新，适度让顾客参与品牌的建立并创造关连性经营社群，这是成功经营全球化品牌的关键。

# 第二篇

## 传统企业的互联网转型与升级——管理模式

传统企业管理模式的互联网转型与升级，包括：以用户为中心的组织转型，以用户为驱动的绩效转型，以互联网精神为土壤的文化转型。

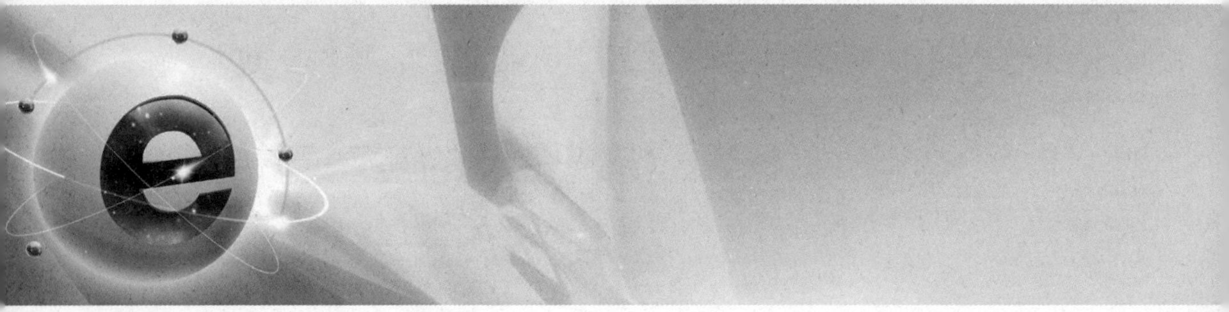

# 第五章



## 组织转型——以用户为中心的变革

工业时代的特征在于，信息自上而下传递，于是依靠信息垄断形成了等级分明的科层组织结构和管理方式，一切都井然有序，一切都可以预期。然而，在当下的移动“互联网+”时代，信息垄断被完全打破，“失控”将成为常态，一切都变得不确定，迫切地需要一种适应当前时代的组织结构和管理方式。

传统工业时代的中央集权体系、线性控制科层制已经过时，它们将让位于互联网上的“去中心化”、社会协同分工、分布式决策。后“互联网+”时代的组织架构是自由联合体，后“互联网+”时代的未来组织是蜂群组织。

## 第一节 后“互联网+”时代的组织架构

在传统工业时代，你还可以慢慢做一件事情，有了好产品再发布出去，但是如今的移动互联网时代，如果你的产品两三个月不被人所接受，可能就会死掉。因为在后“互联网+”时代，生产者和消费者之间的界限被打通了，信息沟通便捷，是用户在引导企业创新。

互联网的影响，可以说是“颠覆”。所谓颠覆，来自互联网对传统信息不对称格局的彻底改写，由此带来以用户为代表的受众力量的崛起。今天，前所未有的信息传播方式和互动强度使得用户的位置从商业价值链的末端转移到起始端，“用户驱动”正从过去先进企业的前沿理念变成如今所有触网企业生存的必要条件。

这就意味着，在移动互联网时代，企业组织更要贴近用户，他们之间的关系不是从上往下的关系，也不是平行关系，而是融为一体。过去的工程师可以闭门造车，现在的工程师必须面对用户，必须在微博、论坛、线下等渠道与用户沟通。

传统的组织管理，强调自下而上汇报，自上而下指挥，体现的是命令指挥链条的完整和规范。随着移动互联网的发展，传统组织结构的弊端日益暴露出来，内部各自为政，决策效率低下，用户反馈机制不够灵活，这种低效率不是由于信息传播速度慢造成的，而是因为传统的组织结构运行模式是由底层反馈，中层传导，高层进行决策，然后再原路返回，由底层执行。

互联网条件下，用户成为中心，对用户需求及其变化的实时响应成为竞争取胜的一条关键因素；而关键中的关键，就是时间。

可以说，在当今的后“互联网+”时代，响应时间的重要性彻底打破了信息向上汇总、指令向下传递的传统链条，代之而起的是每一局部的快速响应。因此，指令者与客户直接接触点越近，越有可能在竞争中赢得先机。这必然要求加强基层决策权，最终导致组织从传统的统一指挥转变成分布式的指挥，即直接服务于客户的部门与团队拥有最后的决定权；而他们的决定要想落地实施，必须得到作为其后盾的公司的资源支持，正如任正非所说，“让一线呼唤炮火支援”。这个时候，实际上是前方在掌握指挥棒，前方的实际需求在指挥后方的支援活动。这就引出了另一个重要的变化。

传统意义上的组织形态，通常以直线职能制为主要形式，由直线领导机构和职能部门组成，是典型的金字塔结构。企业的最高管理者处于金字塔顶端，然后向下根据管理幅度大小形成若干层级，公司战略决策落地通过中层上传下达，市场信息通过基层员工收集汇总由下往上层层汇报。

这种金字塔结构的科层模式，要求决策和信息层层传递，需要正式的流程和完整的文件来决定岗位、任务和职能，每一个员工都有职责规定的工作内容和可衡量的绩效考核标准。

我们先来看一下传统的组织架构。

### 1. 直线制

直线制是一种最早也是最简单的组织形式。它的特点是企业各级行政单位从上到下实行垂直领导，下属部门只接受一个上级的指令，各级主管负责人对所属单位的一切问题负责。

直线制组织结构的优点是结构比较简单，责任分明，命令统一。缺点是它要求行政负责人通晓多种知识和技能，亲自处理各种业务。这在业务比较复杂、企业规模比较大的情况下，把所有管理职能都集中到最高主管一人身上，显然是难以胜任的。因此，直线制组织结构只适用于规模较小、生产技术比较简单的企业，对生产技术和经营管理比较复杂的企业并不适宜。

直线制组织结构如图5-1所示。

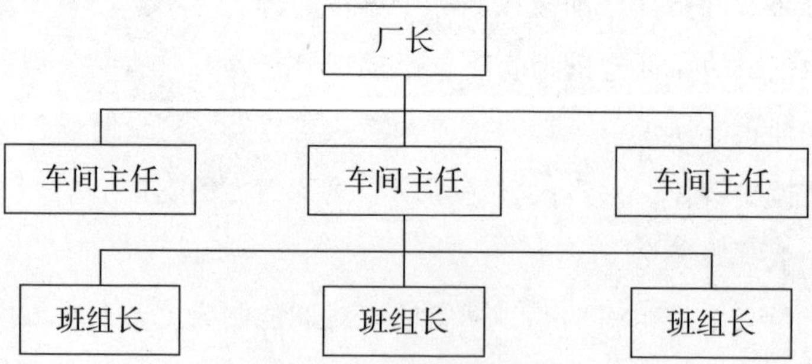


图 5-1 直线制组织结构

### 2. 职能制

职能制组织结构，是各级行政单位除主管负责人外，还相应地设立一些职能机构，如在厂长下面设立职能机构和人员，协助厂长从事职能管理工作。这种结构要求行政主管把相应的管理职责和权力交给相关的职能机构，各职能机构就有权在自己业务范围内向下级行政单位发号施令。因此，下级行政负责人除了接受上级行政主管人指挥外，还必须接受上级各职能机构的领导。

职能制的优点是能适应现代化工业企业生产技术比较复杂、管理工作精细的特点，能充分发挥职能机构的专业管理作用，减轻直线领导人员的工作负担。其缺点也很明显：它妨碍了必要的集中领导和统一指挥，形成了多头领导；不利于建立和健全各级行政负责人和职能科室的责任制，在中间管理层往往会出现有功大家抢、有过大家推的现象；另外，在上级行政领导和职能机构的指导和命令发生矛盾时，下级就会无所适从，影响工作的正常进行，容易造成纪律松弛、生产管理秩序混乱。由于这种组织结构形式有明显的缺陷，现代企业一般都不采用职能制。

职能制组织结构如图5-2所示。

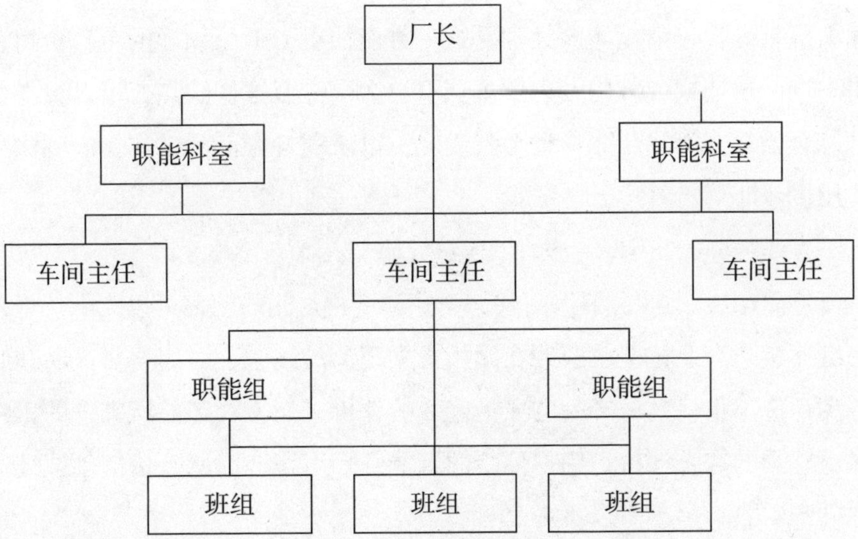


图 5-2　职能制组织结构

### 3. 直线—职能制

直线–职能制，也叫生产区域制，或直线参谋制。它是在直线制和职能制的基础上，取长补短，吸取这两种形式的优点而建立起来的。目前，绝大多数企业都采用这种组织结构形式。

这种组织结构形式是把企业管理机构和人员分为两类：一类是直线领导机构和人员，按命令统一原则对各级组织行使指挥权；另一类是职能机构和人员，按专业化原则，从事组织的各项职能管理工作。直线领导机构和人员在自己的职责范围内有一定的决定权和对所属下级的指挥权，并对自己部门的工作负全部责任。职能机构和人员，则是直线指挥人员的参谋，不能对直接部门发号施令，只能进行业务指导。

直线–职能制的优点是：既保证了企业管理体系的集中统一，又可以在各级行政负责人的领导下，充分发挥各专业管理机构的作用。其缺点是：职能部门之间的协作和配合性较差，职能部门的许多工作要直接向上层领导报告请示才能处理，这一方面加重了上层领导的工作负担，另一方面也造成各部门办事效率低下。为了克服这些缺点，可以设立各种综合委员会，或建立各种会议制度，以协调各方面的工作，起到沟通作用，帮助高层领导出谋划策。

直线–职能制组织结构如图5–3所示。

然而在后“互联网+”时代，企业和用户之间的距离可以无限接近，无缝连接，商业机会就蕴藏在同用户零距离的接触中。用户对产品和服务的评价不仅仅是对产品的质量好坏的评价，而是对产品所带来的用户体验感受的综合评价，用户体验的打造则是由企业内所有价值创造环节共同产生的。

当用户能够使用互联网对产品进行评价的时候，企业的所有部门都必须直接对接市场，对接用户。对产品进行改进的决策不应该由企业的

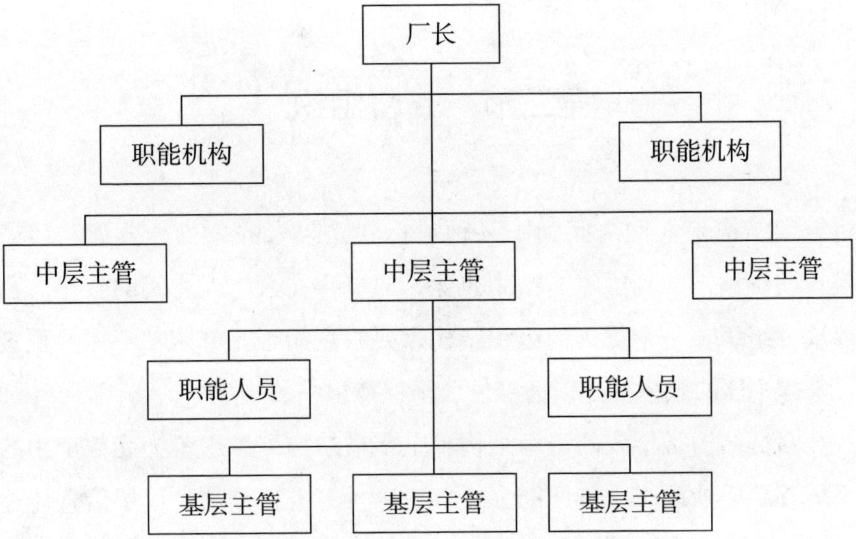


**图 5-3　直线—职能制组织结构**

金字塔顶端做出，而是得由最靠近用户的部门做出，这就是任正非所提出的“由听得见炮声的人和靠近战场的人做决定”。

传统的科层制组织结构中，指令上传下达，员工是为了最高层的指令而工作，上级评价决定员工工作的优劣，员工虽然贴近用户，但没有自主权力，反而唯命是从，唯指标而动。长期积淀下来，必然形成关注上级，一切以领导为核心的组织思想，也必然滋生官僚主义作风，造成权力寻租的弊端。用户信息在科层结构中层层上传，然后再层层下达，已经无法赶上和满足后“互联网+”时代用户个性化、碎片化和快速变化的需求。

因此，打破科层结构对组织行为和员工行为的束缚，打破组织僵化的格局，让全员面向用户、快速反应用户需求是进行组织结构颠覆所面临的挑战。

## 第二节　蜂群组织

组织结构是人们之间为了某种目标建立起来的分工、分组和协调等模式的统称，大到国家，小到企业，只要存在人与人之间的合作，都可以成为组织。一个优秀的组织结构，要看它能否充分调动个体的积极性，发挥个体的效率，并以适度的公平保持组织的稳定。

金字塔结构是传统的组织结构，金字塔结构可以想象为无数个小的金字塔逐层叠加而成，按职能、授权、区域等进行分割，逐层信息传递和反馈，协调整个组织行为。

传统组织管理学认为，影响金字塔组织效率的关键是节点控制力和信息有效性，其中节点控制力表示各个层级领导的掌控能力，其影响因素包括：节点个人能力——个人能力越强则对子节点的控制数量越多，控制有效性越强；子节点个数——需要掌握的下级人员越多，掌控力越差；子节点差异性——下级的职能差异越大，节点能力要求越高，意味着控制越差。

信息有效性则是指连接各个节点时传递的信息的有效性，主要影响因素包括：源信息的准确性——越简单的信息越不容易失真；金字塔层级——越多的层次或者传递层级差别越大，偏差越大。

金字塔结构的不足之处在于：组织结构臃肿，管理僵化，层级多而控制传递失真，但核心还是塔结构传导的问题，如授权机制、反馈机制和激励机制等起决定作用。

科技进步对我们的生活工作产生了巨大影响，我们已经进入了后“互联网+”时代，怎样借助互联网提高管理的有效性，如何组建一个有效的组织结构，既要执行力更坚决，如军队般地整齐划一，又要让创造力更活跃，像硅谷般充满奇思异想？这就需要“蜂群思维”。

蜂群思维的神奇之处在于，整个组织看起来没有一只“蜜蜂”在受控制，但是却有一只“看不见的手”，控制着整个群体。它的神奇还在于，量变引起质变。要想从单个“虫子”的机体过渡到集群机体，只需要增加“虫子”的数量，使大量的“虫子”聚集在一起，使它们能够相互交流。等到某一阶段，当复杂度达到某一程度时，“集群”就会从“虫子”中涌现出来。

利用蜂群思维建立的组织就是扁平结构，这是一种层级非常低、信息传递更直接的组织结构。

蚁群、蜂群等低级生物群体都属于这种结构，依靠点与点间的链接，像波动一样迅速传导信息，而后数量集聚导致质变，涌现出极端一致的“集群”特征。

多产业或多蜂王型企业的产业园区布局和产业组织结构就属于蜂群组织结构，如图5–4所示。

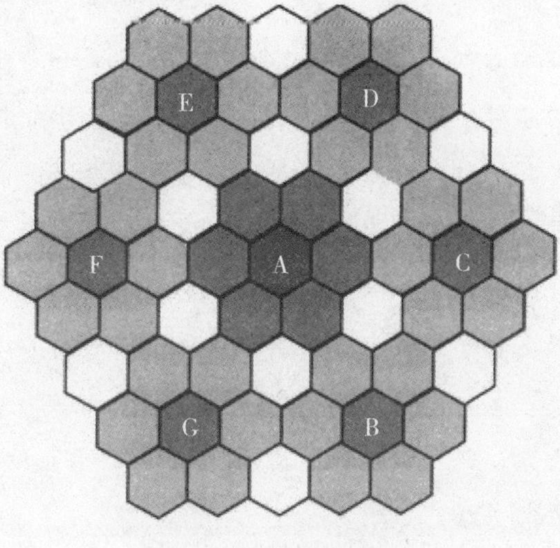


图 5–4　蜂群组织结构

对于后“互联网+”时代对企业组织结构的要求，“小前端+大平台”的结构则是很多企业组织变革的“原型”结构。这种“小前端+大平台”代表着，以内部多个价值创造单元作为网络状的小前端与外部多种个性化需求有效对接，企业为小前端搭建起后端管理服务平台，提供资源整合与配置。企业组织将成为资源和用户之间的双向交互平台。

我们来看一个案例。

韩都衣舍是伴随互联网电商迅速发展并脱颖而出的互联网服装品牌商，从最初依靠代购韩款女装，统一标识，形成自有淘品牌，到通过代购款式，自己打样选料并找代工厂批量生产，完善供应链，建立买手小组制，把主品牌做实，拓展多品牌，再到如今建立起极具特色的以小组制为核心的单品全程运营体系，通过自我孵化和投资并购两种方式，打造成一个基于互联网的时尚品牌孵化平台；而韩都衣舍的小组制单品全程运营体系就是“小前端+大平台”组织结构的典型体现。

以小组制为核心的单品全程运营体系，简称“小组制”。这一模式将传统的直线职能制打散、重组，即从设计师部、商品页面团队及对接生产、管理订单的部门中各抽出1个人，3人组成一个小组，每个小组要对一款衣服的设计、营销、销售承担责任。每个小组拥有的权利非常大，可以决定产品的款式、颜色、尺码，甚至包括产品的数量、价格、折扣，公司都不会去强制要求或者干涉。这样小组直接面对用户，用户的消费意见会直接通过小组决策反映到产品的改良和更新上。小组的提成或奖金会根据毛利率、资金周转率等体现小组对商品运营效果的指标计算。

这种经营模式，以划小核算单元、责权利统一的方式，更有利于激活每个小团队的战斗力。

从管理架构来看，韩都衣舍3人一个小组，3～5个小组为一个大组，

3～5个大组组成一个部，部上面是品牌。韩都衣舍通过小组制成功打造韩都衣舍品牌后，从2012年起，开始推出第一个内部子品牌AMH，当年5月，又从外部收购了设计师品牌“素缕”。之后，韩都衣舍每年不断推出新的服装品牌，覆盖不同类型消费者的细分市场。到2015年，韩都衣舍正式运营的子品牌已有16个，所有品牌都统一执行小组制的单品全程运营体系。公司为所有小组提供了一个公共服务平台，这个公共服务平台一方面提供所有可标准化、可以获得规模经济的环节，如客服、市场推广、物流、摄影等，另一方面从集团总经理办公室下设两个组，品牌规划组与运营管理组，前者帮助品牌走完从无到有的过程，包括前期市场调研、商标注册、知识产权保护等工作，后者则负责对销售额达到1000万元的品牌进行管理运营支持。此外，企划部通过大数据分析，了解商品生命周期和商品比率，制定详细的企划方案，以此把握品牌和品类的产品结构和销售节奏，为品牌规划组和运营管理组提供专业建议。

韩都衣舍还设立了产品小组自动化更新机制，公司给出每日销售排名，小组间互相竞争，同时又在激励上向业绩优秀的小组倾斜。做得好的小组产生示范效应，有小组成员会提出来独立单干，做得差的小组成员会跟过去，小组成员之间可以自由组合，进而推动小组之间的良性竞争与优化，在内部形成流动性，倒逼每个部门都想办法创新发展，留住最优秀的组员。从企业成长、人才成长的角度来看，这种流动的小团队机制将不断实现自我进化和提升。

韩都衣舍将组织结构划分为200多个产品小组，赋予每个产品小组非常高的自治权。一方面在每个小组身上实现“责、权、利”的相对统一，借助自主经营体的设计赋予小组足够的动力；另一方面通过在小组人数、排名机制、新陈代谢等方面进行精心设计，鼓励小组问责，将小组承受的压力传导给公共服务部门，促使公共服务不断优化。通过“小组制+服务平台”的模式，韩都衣舍最大程度上激发了每个单位的活力，并极大地丰富了服装品种品类，提高了组织运营效率。

韩都衣舍的战略愿景是成为全球最有影响力的时尚品牌孵化平台。在“互联网+”的浪潮下，拥有互联网基因的韩都衣舍从一开始就通过产品小组制建立起网络状组织结构的雏形，然后不断创新、升级自己的商业模式，发展成一个时尚品牌发展生态系统，也因此成为了行业旧格局有力的颠覆者、搅局者。

在后“互联网+”的时代背景下，“小前端+大平台”的互联网化的组织结构是传统企业组织结构变革的方向。海尔将金字塔式组织改变成倒金字塔结构，将8万多人分为2000个自主经营体，提倡进行“企业平台化、员工创客化、用户个性化”的“三化”改革；阿里巴巴也把公司拆成更多的小事业部来运营，通过小事业部的努力，把商业生态系统变得更加透明、开放、协同；苏宁向互联网转型，通过简政放权、组织扁平化、垂直管理、强化目标绩效管理、经营专业化、事业部公司化、项目制、小团队作战八个方面实现互联网组织变革。

我们有理由相信，伴随着“互联网+”的浪潮，未来还会有更多的企业通过组织结构的升级和转型拥抱后“互联网+”时代。

## 第三节　案例：苏宁的组织转型

为了迎接后“互联网+”时代的到来，以传统电器卖场起家的苏宁，走上了组织结构的转型之路，并取得了显著成果。2013年，苏宁以1092.52亿元销售额再次蝉联中国连锁百强第一名。在传统零售企业艰难转型的当口，作为中国规模最大的传统零售企业，敢于“高速路上换轮胎”，其战略转型和组织变革正受到空前关注。

其实，在创立之后的20多年时间里，苏宁经历过多次重大的战略转型和组织变革。每一次转型，都将苏宁带入新的境界和高度。

我们先来回顾一下苏宁的组织变革之路。

### 1. 从批发到零售的组织变革

1990年，苏宁创立之初，它只是一家小型空调销售店。1995年成立空调专营批发部，除了零售和工程销售之外，主要从事空调批发业务，一方面连接空调厂商，一方面连接空调经销商。这种战略选择决定了苏宁最初的组织结构是批发型。

到1994年，苏宁的组织结构特征为：以南京为大本营，向苏南、苏北、安徽、浙江、上海、广东等地区延伸，建立了辐射全国的、包含有4000多家经销商的批发网络，成为当时中国最大的空调销售企业。

1996年后，随着空调市场的供求关系发生根本性逆转，供大于求的局面使产品利润率下降，导致批发环节的毛利也越来越低，同时市场空间也受到了上游厂商“渠道扁平化”策略的挤压（许多空调厂家直接延伸到零售终端），很多批发商因此转行或是倒闭。

此时，苏宁开始了第一次重大的战略转型——从以批发为主转向零售为主，从单一品种经营（空调）转向多品种经营（综合家电）。1997年，苏宁先后在北京、上海、广州、合肥、徐州、常州、无锡、镇江等地区，发展了30多家空调店铺。1999年尝试开设综合电器商店，解决了单独经营空调的季节性风险。

为此，苏宁对内部组织做了大幅度调整：总公司工作重点转移至零售方面，总部设立相关零售管理部门，改变各地办事处的职能和工作重心，将建立在批发模式基础上的分销网络转变为以零售模式为主的网络，大幅压缩批发业务，将人、财、物等内部资源向零售业务倾斜。

直到1999年，这次变革才基本完成，它使苏宁从一家批发商转变为家电零售商。

### 2. 从分店到连锁店的组织变革

就在苏宁战略由“批发转型零售”后不久，国内家电市场再次发生重大变化，“渠道为王”的态势日益凸显，谁掌握了零售渠道，谁就能扼住市场的咽喉。为此，2000年，苏宁确定了面向全国市场的连锁经营发展战略，开始建设覆盖全国的零售终端，同时改变过去分店自主运营的体制，纳入整个连锁经营体系之中。这意味着，苏宁必须建立能支撑连锁新战略的组织结构和业务流程。

然而，与许多高速成长的民营企业一样，经过10年的爆发式增长，苏宁内部也积累了诸多问题，与全国连锁战略要求不匹配，如采购与营销部门之间职责不清、管理低效、标准化程度低、管理观念和能力亟待提升等。因此，2000年，伴随着全国连锁战略的实施，苏宁开始了第二次组织变革，其指导思想是“专业化分工，标准化作业”。

首先，建立规范化的管理平台。将采购和销售两大关键职能进行剥离，并对其进行清晰的功能和职责界定；重新梳理和优化了关键业务流程，以保证流程的规范性，满足连锁经营需要；在纵向的管理程序和横向的工作流程两个维度上，进行科学合理的分工和授权，从而形成规范系统的岗位管理体系。

其次，构建“总部——大区——子公司”的三级组织结构，形成了总部、地区分公司和零售店铺的格局。在区域层面，它们着重建立完善的后台管理体系，形成店面、客户服务中心、配送中心和售后服务中心的“四大终端”组织结构，为区域的规模化拓展提供支撑。

随着家电连锁市场竞争日益激烈，苏宁的开店速度也越来越快，门店数量激增。为了配合这样的扩张节奏，整个组织和业务运营体系也必须同时高速运转。为了避免高速发展可能导致的管理失控，同时兼顾管理的一致性，2006年苏宁再次对原有组织进行大规模整合、重组和精简。

这次调整后，苏宁的大区由17个增至28个，管理的地区、跨度进一步加大。在总部层面，原有的14大中心整合后形成了4个总部，而人力资源管理中心、集团办公室以及战略规划部作为总裁办公室直属部门独立运营。

### 3. 由单渠道到全渠道的组织变革

苏宁的第三次战略转型始于2009年。随着“互联网+”时代到来，电子商务拥有了越来越大的规模和影响力，对传统零售行业的压力也越来越大。在此背景下，从2009年起，苏宁开始了从一个传统零售企业向互联网企业的战略转型。经过2010—2012年的探索和尝试，苏宁的转型在2013年达到了一个阶段性的高潮。与之相伴，就是组织的重大变革。

2013年是苏宁的战略布局年，也是其向互联网转型的关键一年。在这一年，“苏宁电器”更名为“苏宁云商”，将过去实施了两年的“沃尔玛+亚马逊”模式调整为苏宁“云商”模式，即通过“店商+电商+零售服务商”模式，实现苏宁内部组织运营体系的大融合，从面对消费者的前端产品展示到后台的管理系统，真正让线上线下两大渠道的结合落地。

根据战略定位，苏宁开始走上“一体两翼”的互联网转型路径，“一体”就是以互联网零售为主体，“两翼”就是打造O2O的全渠道经营模式和线上线下的开放平台。为配合这一战略规划，苏宁历时数月完成了从底层到总部的组织再造。

苏宁副总裁孟祥胜在2013年曾经谈到，专业、垂直、开放、融合、扁平、自主是这次苏宁组织调整的关键词，最大的变化是从原有的矩阵式转变为事业群组织。

在大区运营层面，苏宁把“大区——子公司——营运部”三级压缩为“大区——城市终端”两级管理，进一步扁平化管理，强化以大区为单位，针对全品类、全客群、全平台实施统筹规划运营。以重点城市市场为特征的苏宁大区建制，其数量从2012年的44个增至2013年的60个，城市终端由100多个增至200多个。变革后，大区运营层面将实现扁平化的垂直管理和本地化自主经营。

在总部管理层面，苏宁明确了包含连锁开发、市场营销、服务物流、财务信息和行政人事五大管理总部，负责战略规划、标准制定、计划管控、资源协调。同时，在业务经营层面，它们组建了连锁平台经营总部、电子商务经营总部、商品经营总部三大集群，并下设28个事业部。同样，总部的组织变革也意欲赋予各业务单元更多的经营自主权和灵活性。

运营层面变化最大的是，商品经营总部开始了全品类拓展。为此，它下设17个事业部，分别负责不同商品类目下的商品规划、采购、供应链管理，同时还包括品类销售和推广工作，以实现线上线下全面整合和统一管理。

2013年，苏宁再次对运营层面的组织结构做出调整：将连锁平台经营总部（负责线下实体店经营）和电子商务经营总部（负责苏宁易购经营）进行了整合，组成新的大“运营总部”，对实体店、PC电脑、手机和TV等线上、线下的销售实行统一管理，以及资源的彻底融合。

经过这样的调整，苏宁打通了组织、价格、商品和体验的四大壁垒，实现了“一体两翼”构想的落地，而对于那些从零起步的新业务，苏宁则成立了8个独立公司，让它们在各个行业市场独立地发展，等到时机成熟再确定整合方式。

对于传统企业而言，如何应对互联网的影响，进行转型和组织变革，可能是现阶段企业领导者们最困惑的焦点；而苏宁的变革历程，提供给了这些困惑中的人们一个很好的标杆和榜样。

苏宁组织结构变革，为什么？

市场环境的变化，使得顾客需求和购买行为发生变化，也使得零售行业经营技术发生变化，这些变化积累到一定程度时，零售企业原有的战略变得落伍，直至成为发展的掣肘，迫使零售企业进行战略调整，而战略调整必然带来组织结构的变化，否则调整后的战略无法得到实施。

由苏宁的三次组织变革可以看出，每一次组织变革都是由于企业战略进行调整，而战略的调整是由于企业经营环境发生了巨大变化。因此，企业决策者在选择组织变革时机时，要考虑战略是否发生了调整或转型，只要发生转型，就必须进行组织结构调整和人事更迭，让那些阻碍变革的人员调离。组织变革可能使组织“受伤”，但是战略转型而组织不变革，带给组织的不仅是“受伤”，而且极有可能是“死亡”。

苏宁组织结构变革，变什么？如果说组织是否变革依赖于战略是否转型的话，那么，组织变革什么，就取决于战略转型的内容了。一个基本的逻辑是：组织变革一定是围绕战略而展开，并与战略目标保持一致。

苏宁的三次组织变革都是与同期的战略目标相匹配的：

第一次转型的战略目标是成为零售商，这意味着其目标顾客从企业（批发商）变为个人（消费者），因此，组织变革的目标是让企业具备为终端消费者提供产品和服务的能力。

第二次转型的战略目标是要建立覆盖全国的零售渠道，因此组织变革的核心要点是速度和一致性。

第三次转型的战略目标是为了“顾客体验的一致性”，因此组织变革的核心是内部资源的融合。

由此可见，战略转型必然通过变革后的组织来实现，没有匹配的组织变革内容就不会有成功的战略转型。因此一个含糊不清的战略，极有可能导致一场目标不清的组织变革，从而将整个组织带入混乱之境。倘若战略目标清晰，但组织变革内容与其不匹配，也会导致战略转型的夭折。

苏宁组织结构变革，怎么变？

这是一个复杂的命题，牵扯组织结构、人力资源、企业文化等诸多方面，而组织变革又是一个持续不断的长期过程，因此，对组织变革中一些关键问题做更多思考，将有助于理解组织变革的复杂性和风险。

（1）明确组织变革的目标。组织变革分为“渐进式”和“间断式”两种。渐进式变革主要指系统、流程或结构的调整，但公司战略、公司形象没有发生根本性的变化；间断式变革使组织的核心部分发生了根本性的、革命性的重大变革，它改变了组织的实质，而不仅仅是组织获得了发展，其实是一种颠覆。

从苏宁的三次组织变革来看，前两次变革具有渐进式特点，其核心目标是使组织适应大规模、标准化、高速度的连锁业务发展的需求；而第三次变革则具有明显的“间断式”变革特征——从以零售业务模式为主转变为平台模式为主，从传统零售企业转型为互联网企业。

可以说，前两次变革都给苏宁带来了明显的成效，为其战略发展提供了可靠保障，但由于第三次变革是革命性的、颠覆性的，它使苏宁的未来发展与之前的实践和方向发生了非常大的变化，因此，其组织变革的剧烈程度也非比寻常。

（2）重组企业内部资源。这是组织变革的核心，目的是实现与新战略需求的匹配。苏宁前两次的组织变革，都是在不同程度上围绕供应链进行资源上的再分配或补充，以满足大规模、标准化的战略发展需要，但这种变革的着眼点仍是企业的，而不是顾客视角的。

在苏宁的第三次变革中，这种资源重组表现得更为明显——将条块化、分散的内部资源通过新的组织形式全部融合在一起，以适应后“互联网+”时代全渠道零售的需要。此次变革的着眼点是顾客，为顾客获得一致性的良好体验而重组企业资源。因此，从这一点上看，此次苏宁组织变革的出发点和方向都符合互联网思维的特点，具有积极的意义和示范效应。

（3）关注适应新的环境。随着后“互联网+”时代到来，企业的外部环境发生了颠覆性变化，一些新的组织特征出现了，那些以速度为导向、扁平化、富有弹性的组织才能与新环境相适应。

在苏宁2013年完成的组织变革中我们看到，压缩运营层级、多事业部的设置，会提高组织对市场的响应速度，同时打通、整合内部资源的组织设置方式理论上显示了鼓励、促成团队协作的思路。当然，这些方式在实践中的效果还需得到市场的进一步检验。

（4）加强变革的领导。企业最高领导人是影响组织变革能否成功的最关键因素之一。无论哪种形式、何种程度、多大规模的组织变革，对组织中的每个人都会产生不同的影响，有的人甚至因为变革而失去地位或利益，所以，不同层级的人对组织变革的看法和接受程度都会不同。这时，就需要管理者进行必要的转型引导，对组织正在或将要发生的事情提供答案。

当前，传统零售企业面临的组织变革是一场深刻的革命，将导致一个组织最本质的变化，因此也是最劳神、最痛苦的。由于变革成果的不确定性，以及资源重组所导致的变革阻力可能会抵消变革的愿望和热情，因此作为组织变革的指挥者——企业最高领导人，需要通过对变革的“导航”来控制和实现变革。

作为一家民营企业，虽然苏宁拥有更灵活、更高效的决策机制，但真正推动变革也绝非易事，其中董事长张近东的作用至关重要，甚至是决定性的。在变革启动和推动过程中，他会向员工宣讲转型的目标和意义；在转型遇到怀疑或阻力时，他则向干部员工表明决心，甚至以“谁阻碍变革，就撤掉谁”的强势态度排除阻力，推动变革。所以，苏宁能迅速超越竞争对手成为中国连锁百强之首，能在前景并不明朗的情况下启动间断式变革，绝非偶然。可以说，企业最高领导人的决心和行动在某种程度上决定了组织变革的成败。

总之，我们正面临从未有过的艰难局面。在这个瞬息万变的后“互联网+”时代，“以不变应万变”的信条早已不合时宜，而未来的发展路径并不清晰，更没有成功案例可循。冒险甚至失败都可能无法回避，但“不变不行”的宿命和压力终将触发一场波及全行业的、所有传统企业的组织变革。因此，我们为先行者的勇气鼓掌，更期盼他们能“守得云开见月明”，找到一条适合自己的变革之路。

# 第六章



## 绩效转型——以用户为驱动的管理体系

传统的KPI绩效指标是由上级考核，而互联网思维的绩效指标是由用户考核。用户对员工创造的价值进行评价，同时，互联网企业的绩效越来越具有即时性，及时应对客户的需求和反馈，而大部分员工做完一件事情后，也希望得到即时的激励。

## 第一节　案例：绩效管理害死索尼

“互联网+”企业组织，是一场以用户为中心的组织变革。

“我想，站在‘互联网+’的风口上顺势而为，会使中国经济飞起来。”2015年3月5日，《政府工作报告》中首次提出制定“互联网+”行动计划，并正式确立其为国家战略。互联网逐渐跳出一个行业的范畴，正成为国民经济的一大新引擎。

20世纪90年代中期之后，索尼引入美国式的绩效主义，扼杀了索尼的创新精神，最终导致索尼在数字时代的失败。所谓绩效主义，指的是业务成果和金钱报酬直接挂钩，也就是我国的企业非常熟悉的“绩效薪酬制度”。

因为要考核业绩，几乎所有人都提出容易实现的低目标，可以说索尼精神的核心——“挑战精神”消失了。因实行绩效主义，索尼公司内追求眼前利益的风气蔓延。

因实行绩效主义，职工逐渐失去工作热情。在这种情况下是无法产生“激情集团”的。为衡量业绩，首先必须把各种工作要素量化，但是工作是无法简单量化的。公司为统计业绩，花费了大量的精力和时间，而在真正的工作上却敷衍了事，出现了本末倒置的倾向。

索尼公司不仅对每个人进行考核，还对每个业务部门进行经济考核，由此决定整个业务部门的报酬。最后导致的结果是，业务部门相互拆台，都想方设法从公司的整体利益中为本部门多捞取好处。

根据2015年第二财季的财报显示，连续亏损7年之久的索尼又亏了12亿美元，甚至传言将退出中国市场。这让人不由得想起了10年前索尼前常务理事天外伺朗在日本《文艺春秋》2007年1月刊上发表的《绩效主义毁了索尼》。在文中天外伺朗对绩效主义的描述是："业务成果和金钱报酬直接挂钩，职工是为了拿到更多报酬而努力工作。"

天外伺朗认为，推行绩效主义后索尼的"挑战精神"消失了，技术人员没有了那种为追求工作乐趣而埋头苦干的激情，那种"想通过自己的努力开发机器人"的自发行动也逐渐淡去。与此形成鲜明对比的是"外部的动机"开始在索尼蔓延，比如想赚钱、升职或出名，即想得到来自外部回报的心理状态。

天外伺朗认为，如果没有发自内心的热情，而是出于"想赚钱或升职"的世俗动机，那是无法成为"开发狂人"的。

索尼推行绩效主义后，公司不仅对每个人进行考核，还对每个业务部门进行经济考核，由此决定整个业务部门的报酬。最后导致的结果是，业务部门相互拆台，都想方设法从公司的整体利益中为本部门多捞取好处。如果只有"你努力工作我才给你加工资"，那么以工作为乐趣这种内在激励就会受到抑制。

因为索尼实行绩效主义，职工逐渐失去工作热情。公司为统计业绩，花费了大量的精力和时间，而在真正的工作上却敷衍了事，出现了本末倒置的倾向。因为要考核业绩，几乎所有人都提出容易实现的低目标，导致索尼公司内追求眼前利益的风气蔓延。

不论是在什么时代，也不论是在哪个国家，企业都应该注重员工的主观能动性，这也正是索尼在创立公司的宗旨中强调的“自由、豁达、愉快”。今天的索尼，已经没有了向新目标挑战的“体力”，同时也失去了把新技术拿出来让社会检验的胆识，而绩效考核制度正是导致这一切的“元凶”。

## 第二节　从绩效管理到价值量化

后“互联网+”时代，企业的核心竞争优势来源于企业对用户需求的敏感度和满足度。每个公司要想成功，必须更加广泛地与用户建立沟通，赋予用户权利，让用户成为发号施令者，让一线员工成为决策者，让用户广泛参与到产品和公司的改进之中，让用户以吐槽或赞扬来驱动员工进步。

管理大师德鲁克认为，在21世纪，激励知识型员工需要设计个性化的激励措施，要以激励他们的创造力为核心；而对于创造力来说，用户的需求才是终极动力源泉。做出让用户惊讶的产品，让产品成了引领、激励和衡量一切的风向标。

把员工最讨厌的“考”字变成量化价值。“考”有检查、查核之意，它的假设前提是，人是不可信赖的。人与人之间、企业与员工之间如果缺乏信任，团队和谐、企业文化及幸福企业就无从谈起。

子贡有一次问孔子怎样治理国家。孔子说：“粮食充足，军备充足，老百姓信任统治者。”子贡说：“如果不得不去掉一项，那么在三项中先去掉哪一项呢？”孔子说：“去掉军备。”子贡说：“如果不得不再去掉一项，那么这两项中去掉哪一项呢？”孔子说：“去掉粮食。”孔子认为，自古以来人总是要死的，如果老百姓对统治者不信任，那么国家就不能存在了。”

价值量化的假设前提是，人人都是好人，是有价值的。那么好人与好人之间又怎么区分呢？用价值量化。它是衡量员工价值独特激励机制中的一种形式，是为了更公平、公正、公开地激励每一位成员。价值量化从业绩、行为、态度的结果可以直接影响到薪酬调整、奖金福利发放及职务升降等诸多员工的切身利益。

价值量化如此重要，很多管理者也希望通过这种方式来影响员工的薪酬分配，随即管理者就发现了一个问题：如何着手进行呢？

对于价值量化是有一些现成的方法可遵循的。各种方法之间的侧重点不同，优缺点也不同，所面对的企业、员工类型也不同。如果没有合理的应用，同样会给企业带来一些不良的影响。

某超市为了提高销售业绩，一改原来的岗位工资制，开始实行“底薪+绩效工资”的薪酬分配制度。刚开始，超市负责人觉得只要实行了这种工资制度，超市销售额就会上去，可事实上并没有出现这种情况。相反，实行了这种薪酬分配制度之后，员工的积极性不但没有得到提高，反而大家开始有了怨言。原因就是实行了新的薪酬分配制度之后，不公平性更加凸显出来。

某些员工为了达到自己的业绩，根本不会花时间去做理货、清点货物这样的工作，由此很容易发生货物脱销、积压等问题。很显然，这些工作肯定需要有人去做，员工A不去做的话，员工B就得去做，那么员工B的业绩就会受到影响，薪酬同样会受到影响。可是员工B却很冤枉：自己根本就没有偷懒，为什么不给自己算业绩呢？难道理货、清点货物就不是工作吗？

渐渐地，这种矛盾尖锐起来，很多员工因此而离职。可惜的是，这种情况没有引起超市负责人足够的重视，等到这种矛盾大面积爆发的时候，超市的销售自然而然受到了影响。

以上案例中超市所遇到的情况其实就是实行绩效考核过程中出现的

问题，单纯地以业绩为导向，忽视了人的价值。

那么，价值量化有哪几种类型，各种类型之间又有什么优缺点呢？价值量化可以分为以下三种类型。

### 1. 效果主导型

效果主导型又叫结果主导型，即考评的内容以考评结果为主，实行结果导向的认定方法。效果主导型着眼于“干出了什么”，重点在结果而不是行为，它考评的是工作业绩而不是工作效率。

优点：考核的标准容易制定，并且容易操作。目标管理考评办法就属于该类考评。缺点：具有短期性和表现性，对具体生产操作的员工较为适合，但事务性人员不适合。

### 2. 品质主导型

所谓品质主导型，顾名思义，考核的内容以考评员工在工作中表现出来的品质为主，着眼于“他怎么干”。

优点：有利于员工对工作品质的把握，适合于对员工工作潜力、工作精神及沟通能力的考评。缺点：由于其考评涉及如忠诚、可靠、主动性、创新、自信、有协助精神等指标，所以很难具体掌握。另外，操作性与效度较差。

### 3. 行为主导型

所谓行为主导型，顾名思义，考核的内容以考评员工的工作行为为主，着眼于员工“如何干”和“干什么”，重在工作过程。

优点：考评的标准容易确定，操作性强，适合于管理性、事务性工作的考评。缺点：过于关注行为，不注重过程和结果，容易引起这两方面的失误。

# 第七章



## 文化转型——互联网背景下的企业文化重塑

文化建设到了转变思维、转型变革的时候。什么样的文化才是后“互联网+”时代企业最需要的，后“互联网+”时代就应该用互联网思维来武装文化建设。

我国传统的集体主义、威权主义价值观让位于以“平等、参与、分享”为核心的个体主义、自由主义价值观，这才是所谓的互联网精神或者互联网思维的真义。把每个个体的创造性、积极性、主观能动性发挥出来，才称得上真正的互联网企业。

## 第一节　互联网背景下企业文化转型

后“互联网+”时代，传统企业的转型与升级一个非常重要的环节就是文化转型。如何利用互联网思维加强企业文化建设，提升企业的创新力和生产力，发展壮大新兴业态，打造新的产业增长点，成为企业管理的重要任务。

传统企业在发展过程中，企业之间竞争的手段主要靠技术、资本、智力、规模等，创业者拼的就是实力。在这种社会环境下，无经验、少资本的企业很难获得成功；而“互联网+”时代，这一切都改变了，不仅改变了人们的工作生活方式，还给人们提供了最好的发展机会。

后“互联网+”时代，传统企业加速转型与升级，员工的自主意识非常强、学历层次高，因此，传统企业文化需要转型与升级才能跟得上企业发展和员工变化的脚步。鉴于此，传统企业文化的转型与升级过程中，应加强互联网的融合，进一步为企业文化的发展创造动力支持。

互联网新形势下，企业文化的功能如下。

### 1. 凝聚功能

由于企业发展中，以集体主义精神为主要内容的企业文化极大地增强了企业发展的凝聚力，促进了企业上下团结一致，从而促进了企业的健康发展。

### 2. 激励功能

企业文化所体现出来的激励功能就是在全企业范围内建立了一种健康、积极、奋进的竞争文化，促进企业员工之间、部门之间的激烈竞争，从而更广泛地调动企业员工工作的积极性和独创性，促进企业创新，激发企业发展的活力。

### 3. 约束功能

企业管理离不开各种规章制度，企业发展要求员工应该遵守必要的道德规范，企业通过规章制度和道德规范约束员工在工作中的行为，从而协调企业各项工作的发展，进而保证企业正常的生产活动，同时，还能促使企业员工将企业的发展当作自身利益的一部分。

### 4. 辐射功能

企业文化通过广泛的文化传播功能，以自身的企业发展价值观、精神文化和形象影响其他企业乃至整个发展区域，促使整个经济发展环节对自身的经营发展进行调整，从而促进整个社会和行业发展朝着规范化、法制化、科学化发展，这就是企业文化的辐射作用，对于个人、企业、行业、社会都会产生重要的影响。

## 第二节 文化落地的乱象

后“互联网+”时代，利用传统思维做企业文化，似乎走进了死胡同，找不到感觉和落脚点。

当前，传统企业互联网文化的转型与升级，面临一系列需要解决的关键问题：一是企业文化管理缺乏系统化。没有专门的文化管理职能和相应的管理制度，使企业文化的更新和发展得不到有效保证。二是企业文化管理偏于简单化。没有系统制定与企业发展战略相适应的一整套包括理念层、制度层和物质层的企业文化。三是企业文化形成比较主观化。没有发动广大职工参与，仅仅是依靠领导的思想和认识，不能完全反映企业员工的心声。四是企业文化推行陷入悬空化。由于动员与组织不充分，企业文化不能深入人心，高层领导的思想、企业的发展目标不能有效地贯彻到基层。

缺少企业文化犹如“缺钙”，企业很难挺起自己的腰杆。如此文化落地乱象丛生。

（1）中国许多“明星”企业很快成为“流星”企业。

（2）企业高层与中基层难以达成共识并存在沟通障碍，管理者和员工只是抱怨存在的问题而不去解决这些问题。

（3）企业在组织变革与流程再造过程中员工感到迷惘、迟疑而不愿跟进，导致变革成效不佳。

（4）企业文化理念与行为严重背离，说的是一套做的是一套，连员工都怀疑文化是否真实。

（5）中国企业的制度成本高、沟通成本高、控制成本高。

（6）企业分权分利就分心。

（7）尽管企业待遇很好，但仍然留不住优秀人才，同时留下来的也觉得自己怀才不遇。

（8）企业的业绩仅仅取决于企业家的抱负与追求，员工无足轻重。

（9）部门主义、山头主义愈演愈烈，管理者只顾保护自己的地盘，而不去为了实现目标而携手努力。

（10）缺少执行力。

（11）人力资源系统发挥不了应有的作用。

（12）新的管理工具无法落到实处，如平衡计分卡和TQM等。

（13）中国传统文化难以与先进的西方管理文化相结合。

（14）找到企业个性几乎不可能。

（15）员工缺乏第一推动力（甚至没有更多的员工对自身的提高负责），主人翁意识已经成为奢侈品。

（16）组织成员无法感觉到文化的魅力（尽管听了教授的授课，提炼了理念，做了CIS，搞了企业文化活动），公认企业文化部门是不做实事，玩虚的。

（17）企业文化永远飘在空中，无法对经营起到看得见的作用，反而增加了管理者用错人的概率。

（18）运动式的全员参与实际上还是貌合神离。

（19）灌输式的、领导挂帅式的、党政工团一起“抓”式的企业文化收效甚微。

（20）文化与战略、运营、人力资源没有相互支撑的可能。

以上如此文化落地的乱象，是因为时代变了、环境变了，主要归结于以下两点：

一是“快”。后“互联网+”时代，企业发展快、技术更新快、产品换代快，企业需要有更强的适应性和竞争力，文化建设和变革的速度变了，必须跟得上企业发展和变化的脚步。

二是“新”。后“互联网+”时代，企业队伍中“80后”逐渐占据舞台，更不乏新生代的“90后”，他们构成了企业里的生力军。他们中绝大部分是知识型员工，学历层次较高、自主意识较强，他们是追求自由、平等、开放和自我实现的一代人，对公司文化管理提出了挑战，在文化体系中必须能反映出这些人的需求要素变化。

企业的组织形式和文化建设思路已经无法适应后“互联网+”时代的发展，在原有的体系内，用原来的人、原来的组织形式做一件不同的事，成功的概率很低。

那么，什么样的文化是后“互联网+”时代企业最需要的，员工最想要的？企业文化建设到了转变思维、转型变革的时候。“互联网+”时代就应该用互联网思维来武装文化建设。

## 第三节　如何重塑后“互联网+”时代的企业文化

“互联网+”模式下，传统企业文化需要转型与升级，那么，如何重塑后“互联网+”时代的企业文化呢？

企业里常有人说，要弘扬企业文化，要发扬团队精神，看起来很重视企业文化，但当你问他是如何打造企业文化的时候，得到的回答却让你大失所望。很多人对企业文化的理解，就是参加一些训练公司的团队训练项目，如拉绳比赛、拔河比赛、蜈蚣比赛等，以为这些训练就能弘扬企业文化。还有一些人则实行“拿来主义”，把一些杰出企业的文化照抄照搬过来，认为这样就能让自己的企业具备优秀的文化。

这种打造企业文化的方式，实际上是一种形式主义。真正的企业文化，从来都不可能靠移植或复制获得成功。

事实上，一种好的企业文化，是极其难以被模仿或者复制的。张瑞敏说，海尔的核心竞争力就是海尔文化，海尔的什么东西别人都可以复制，唯独海尔文化无法复制。由此可见文化的独特性。也正因此，我们在构建企业文化的时候，应该遵循“内生式”原则，而非拿来主义。

所谓内生式文化，其核心就是，企业文化的形成并非模仿或复制于其他团队，而是从自己的团队内部诞生出来。在自有成长环境的基础上，对团队内部各成员的价值观、职业态度进行梳理提炼，最后所形成的一种对团队成长有利的文化，就是团队的内生式文化。

内生式文化的优势在于，它能更好地被团队成员接受。如果是把一种和团队文化（也可以理解为团队内部成员的工作习惯）截然不同的文化拿过来，强制大家学习，那人们就会产生排斥心理。内生式文化则不同，它是把团队成员的工作习惯中正面积极的共性部分提炼出来，把它变成一种原则，让大家遵守，进而形成一种文化。

通常来说，只要是三个人以上（包括三个人）的团队，就会形成一种文化。这种文化可能是正面积极的，也可能是负面消极的。如何引导、提炼正面积极的文化，让它变成清晰可遵循的团队精神，需要团队领导有意识地构建。

构建内生式文化的第一要点就是，不能偏离公司文化的氛围。每个公司都会有自己的文化氛围，这种氛围构成了不同于其他公司的文化特色。如果团队领导忽视了这一点，很容易就会进入误区。比如有的人进入一家新公司，带领一个新团队，他觉得上一家公司的文化要比现有公司的文化优秀，于是就想把上家公司的文化移植过来，直接变成现有公司的企业文化。这种想法看起来很吸引人，殊不知却是一个很大的陷阱，很多职业经理人无法在新的公司里立足，就与此有关。

所以，无论原公司的文化如何优秀，在进入新公司后，你必须接受该公司既有的文化。要知道，每个公司的成长经历和环境不同，它所形成的文化也会表现出很大的差异性。京东的文化不见得适应阿里巴巴，百度的文化也不见得适应谷歌，但它们却都经营得非常好。因此，文化并没有绝对的好坏之分，而只有适合不适合的问题。

当下的后“互联网+”时代，如何重塑企业文化，需要从以下几方面着手。

### 1. 用户至上，重视客户价值

近年来，互联网技术飞速发展，网民数量和互联网普及率正逐年攀升，政策的环境和国民经济保持良好势头，为互联网行业的发展继续创造良好机遇。随着用户群体的特征日趋复杂，其需求深度逐渐提升，需求种类也变得五花八门。

一般来说，互联网企业的赢利模式是“以为99%用户提供免费服务为基础，以1%增值服务为主要收入”，因此保证规模稳定的客户群体以及客户黏性是互联网企业赢利的关键。在这样的行业背景下，重视主流用户价值是互联网企业商业行为需关注的核心。这就要求互联网企业充分重视用户体验，时刻关注和理解客户需求，不断以卓越的产品和服务满足客户需求。

### 2. 持续创新，提供顺应市场需求的产品与服务

我国不少互联网企业，虽然有一些口碑较好的产品，但大部分公司都在或多或少复制和模仿国外公司的相关产品，许多企业的“创新模式”都是在国外成功产品的基础上进行本土化改良。虽然各种产品看似名目繁多，但雷同现象严重，新的产品问世就难免出现不同的模仿者。

总体来看，缺乏创新是国内互联网企业的通病，而且这一问题日益突出。虽然“山寨”某种程度上是我国互联网行业发展的“必经”阶段，但对于像腾讯这样相对成熟的行业领军者，则应该走出“山寨”的泥沼，带头营造创新氛围，维护行业的良性竞争。因此，互联网企业需

要秉持创新的价值理念，不断推出新的产品与服务，以满足用户不断变化的需求。

### 3. 以人为本，重视员工发展

相对于其他行业，互联网行业一直存在员工流失率偏高、归属感不强的问题。这是由于互联网企业的员工多为知识型员工，这一群体普遍较年轻，具备较高的综合素养，自主意识较强，容易接受新生事物，对自我价值十分看重。也正是这些特点导致员工与企业的磨合难度增大，当员工个人价值取向与企业文化或运行管理机制不能很好契合时，就容易导致员工流失。

同时，互联网行业变化快、机会多，也直接影响员工的稳定性。因此，互联网企业的文化建设应该充分考虑到知识型员工的管理问题，应当注意给予员工充分的尊重和认可，重视员工个人发展并注重员工个人价值的实现。

互联网行业的特点深刻影响着企业的组织形态和文化特征，现阶段互联网企业的文化理念应当顺应行业发展趋势，实现企业文化对管理的辅助作用，并推动行业整体文化环境的建设。

### 4. 增强企业领导执行能力

传统企业文化需要转型与升级，“互联网+”带来了企业发展的黄金期。对此，企业领导应乘势而上，打破固有思维桎梏，适应时代发展潮流，勇敢迈出步伐，创造和满足消费需求，开启新的企业发展模式。

企业领导要认真研究审视企业文化建设工作现状，总结优秀成果，查找存在问题。处理好共性与个性、整体规范与体现特色的关系，创新工作载体，增强基层活力。此外，企业领导还可以通过互联网平台及时掌握员工的动态信息，加强与员工的“零距离”交流，让员工充分体验到领导对自己的重视，提高员工的满意度和对企业的归属感，进而促进企业和员工的共同发展。

### 5. 着力打造企业优势文化

传统企业文化在转型与升级中，企业应着手打造企业优势文化，积极发挥企业核心文化优势，让企业文化的引导力量充分应用在企业的生产经营活动中，从而实现企业文化与企业发展共荣共进，共同发展。

为此，在企业中，要把企业文化的思想和精神渗透到企业发展的各个环节，让企业文化中的创新思想助推企业的生产和创新，进而促进企业生产获得极大发展。

因此，在文化建设中，必须围绕生产经营中心，服务改革发展稳定大局，根据企业总体发展战略，与经营管理、基层建设、员工培训、思想政治工作和精神文明建设等统筹考虑，一同部署，狠抓落实，以文化力的提升促进核心竞争力的提升。

### 6. 加快互联网新媒体平台的建设

在后“互联网+”时代，传统企业文化转型与升级也应该及时推陈出新，加快互联网新媒体平台的建设。

首先，企业需要完善常规媒体平台的建设，做好企业官网、论坛和微博等网络传播平台的维护。

其次，企业还应加强内部资源共享网络平台的建设，让员工及时了解企业的发展动态、实事资讯等，进一步拓宽员工的视野。

最后，在企业文化的建设中，还应为员工建立专门的学习网络平台，加强对员工的教育，提高员工的文化素质。

企业文化能够反映一个企业经营与发展的内在品质，是企业基业长青的根本，为企业的长期发展提供了源源不断的动力支持，如果没有健康、优秀、强势的文化，一个企业很难稳步成长和持续发展。

后“互联网+”时代的到来，给企业带来了发展的重大机遇，同时也带来了前所未有的挑战，面对机遇与挑战这把双刃剑，企业要充分利用现今的发展机遇，加强企业文化的建设与管理，提高企业的市场竞争力与适应力。

## 第四节　案例：海尔互联网转型，人人都是CEO

2016年，海尔的互联网企业文化转型与升级已经到了第11个年头，有的时候走了弯路，有的时候走了错路，有的时候走两步退一步。为什么呢?

张瑞敏说：“人的观念不是一下就能改过来的，改了可能有回潮，再一个就是牵扯了很多人的利益，国家层面的利益分配不好解决，企业也是一样，只不过范围小而已。可见转变人的思想是一件很困难的事，问题是人的思想不转变，行为怎么会有改变，行为不变，结果能有不同吗？企业转型过程中非常重要的一点是文化的转型，是人的思维的转型，如果这些转型没有完成，企业转型将困难重重，甚至是失败。”

张瑞敏认为，到了后“互联网+”时代还是一样，本质上先要解决企业内部员工的观念问题，观念问题改变了才可以改变战略。对此，张瑞敏提出了“在‘互联网+’时代，每一个人都是自己的CEO，每一个人都应该成为创业家”的转型思想。

随着“90后”正式走上工作岗位，“85后”成为主力军，管理者遇到前所未有的挑战。他们把“我在你这里工作是否开心”放在首位，他们追求的是“我凭什么要听你的，在这里能否体现我的价值”。所以在新生代员工面前，传统的标准化、流程化管理经验逐渐失效，传统的物质激励对他们已经不起作用或者作用微乎其微。很多时候，他们甚至连工资都不要就一走了之，这就要求公司不得不着手建立并重视企业文化氛围的打造。

同样，华为内部有一种声音认为，如果不能从深受效率、纪律、规则、绩效导向的军队文化中走出来，不能拥抱“互联网+”时代，包括互联网思维所带来的文化演变，华为是没有未来的。

当颠覆性的技术、激烈的市场竞争、分散的市场、全能的顾客、挑剔的股东对管理提出新的挑战之时，你的企业是否还在实践所谓的“现代管理”？用工业时代的管理理论来指导“互联网+”时代的新生代员工，无异于刻舟求剑。

后“互联网+”时代，为自己工作的时代已经到来。现在的趋势是，组织更加需要有才华的人，而有才华的人不那么需要组织。

后“互联网+”时代是一个真正的人才主权时代，是一个员工随时有可能炒老板鱿鱼的时代。对一些特殊的专业人才，他可以同时被多家企业所用。这也正是为什么在后“互联网+”时代会出现大量的自由工作者，这些自由工作者不再依附于任何一个组织，他可以同时为四五家企业提供服务。他依靠的是专业化生存，他所奉行的是职业化忠诚，而不再是企业忠诚。他忠诚于用户，而把企业当成一个客户，用他的专业能力为这个企业提供服务。

不少人认为在后“互联网+”时代，最重要的是战略创新，于是在各种媒体、论坛上看到最多的字样就是“颠覆”“跨界”“重构”“平台”“生态”等。也有人认为，组织变革不容忽视，于是，我们对“去中心”“去中层”“组织无边界”“开放价值链”等耳熟能详。这些主张重要不重要，当然重要，但是它们还是处于“术”的层面。比其更重要的，是企业能不能具有互联网思维，是否遵循“平等、开放、协作、分享”的互联网精神，是否具有互联网基因，即企业顶层设计的内核：组织的假设系统和价值观体系。

它们是组织对待外部环境、对待顾客、对待内部员工以及其他相关利益主体的基本态度和原则，是企业成长的命脉和动力，也是企业成长的指南和约束。就像一条河，河水形态丰富，时而澎湃，时而平静，同时因地而异，但河基、河床才是水流走向的决定性力量。因此，所有的转型最后都要固化成团队的文化。因为只有文化上的转型才是真正意义上的精神传承。只有企业具有互联网基因，人人奉行互联网精神，才是真正意义上的企业互联网化。

互联网给中国商业界带来的最大改变也许是新一代人的价值观的变化，中国传统的集体主义、威权主义价值观让位于以“平等、参与、分享”为核心的个体主义、自由主义价值观，这才是所谓的互联网精神或者互联网思维的真义。

能够扎扎实实在企业内部管理中贯彻以“平等、参与、分享”为本质的互联网精神，把每个个体的创造性、积极性、主观能动性发挥出来的企业，才称得上真正的互联网企业。

未来不再有公司内外的区别，也不再有公司领导者和员工的区别，人和人之间、企业和企业之间都只有一种关系——联盟。在联盟中，每个个体要有明确的优势，合起来则具有完整的功能，而联盟的领导者将是身先士卒，同时具有强大协调能力的精神领袖。

没有一个人喜欢被管理，所以后“互联网+”时代要求企业塑造开放、平等、创新的文化氛围，为员工搭建一个自由交互、协作分享的平台。建立机制促进组织内的自组织小团队有序协同，视员工为组织的联盟，建立最大化释放员工潜能的人才管理体系，以给予人才成长、创新的宽松环境，激发企业的活力和创造力。

我们发现，阿里巴巴的企业文化其实很简单，与互联网的基因一致，就是开放、分享，这种企业文化不仅能够应对由于业务持续发展可能引发的“大组织病”，而且能够保证一些有利于公司发展的先进制度得以真正实施。阿里巴巴曾经“争议性”地把价值观纳入到绩效考核体系中来，而且占到50%的权重，有时候甚至更高。

在阿里巴巴的招聘历史上，曾多次出现由于价值观不同而把一些精英人才拒之门外的故事，称作不换思想就换人。在阿里巴巴，价值观是决定一切的准绳，招什么样的人，怎样培养人，如何考核人，都坚决彻底地贯彻这一原则。阿里巴巴认为，如果跟我们价值观不相吻合，一个人能力越大，那么进来之后对组织的破坏力也就更大。

在后“互联网+”时代，没有成功的企业，只有符合时代精神的企业。唯一能让企业免于速朽的，就是企业的快速刷新（自我颠覆加自我重建）的能力。一个企业的高度在很大程度上取决于企业家的高度，所以企业是否能够顺势而为成功转型，自然也取决于企业家的危机意识和变革意识。如果企业家的思维模式不能迅速完成转换，那么企业的转型基本上是很难完成的。要想成功转型，企业家就必须要走出自以为是的惯性思维，勇敢地拥抱颠覆性创新。

# 第三篇

## 互联网转型——营销模式

但凡伟大的互联网产品，必然具备两个条件：一是能够满足大众的基本需求，二是产品的使用门槛足够低。前者保障了产品可以有非常广泛的目标用户群，后者保障了产品可以迅速将尽可能多的潜在目标用户转化为客户。

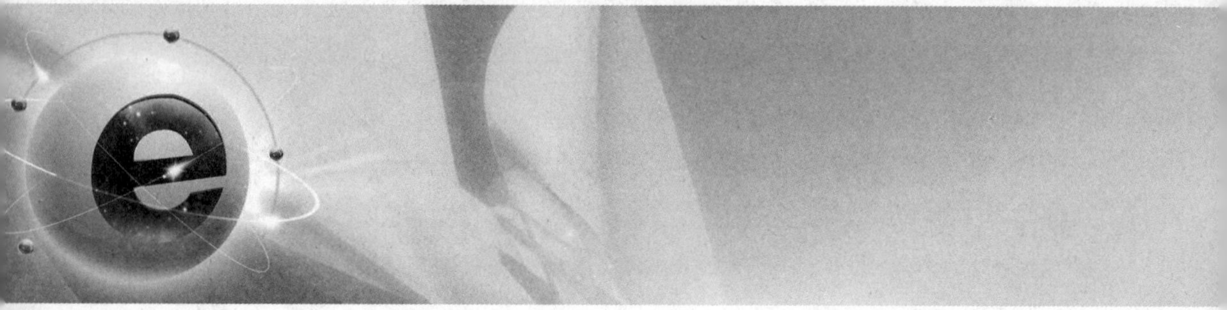

# 第八章



## 消费主体：个性化、社交化与娱乐化

“玩”是“80后”消费的主体，“玩”的开支可达他们日常消费的1/3，而娱乐的价值就是教会他们“怎样玩”以及通过何种载体让他们觉得“好玩”。宣称“我每天可以吃的有限，穿的有限，花的有限，但是开心必须无限”的“90后”热爱娱乐，这种娱乐可以是对娱乐八卦的热爱、对生活压力的宣泄、对社会现象的吐槽、对自己生活的搞怪，天大的事儿也可以被他们解读得极具娱乐精神。

## 第一节　用户与客户的不同之处

很多人将“用户”和“客户”混淆在一起，以为二者并没有什么不同。其实不然，虽然二者只有一字之差，内涵却大不相同，所以，不同的立足点也就带来了不同的经营理念。

用户是产品的最终使用者，而客户却不一定是最终的使用者；用户关心的是使用价值，而客户关心更多的是价格；与客户的关系是基于交易，而用户则不一定是产品的买单者；以客户为向导，营销策略是有效的，而以用户为向导，体验才是最为关键的。

用户思维和客户思维有着极大的不同，在互联网的商业世界里，用户是主角，消费者由货币选民变为用户，商家、企业和消费者形成了一种独特、自由和平等的关系链。谁也不用去讨好谁或依附谁，他们是因为产品的魅力才互相吸引，因真诚而互相交流，因信任而结成新的商业社群。

通常，用户思维有以下三大特征：

第一，用户思维是一种打动思维，而传统的客户思维则是告知思维。客户思维通过大量的广告和促销手段来告诉客户，我的产品怎样怎样好，快来购买我的产品吧，这其中最具代表性的就是电视购物。这种告知的思维方式是以直接形成交易为目的，至今还有很多企业采取这样的方式，如制造产品、新闻发布、放置广告等。以这样的方式促成的交易不仅缺少温情，而且存在着大量的欺骗性。

用户思维是一种打动思维，相比淡漠、强制性的客户思维模式，用户思维是把每一个消费者都当成朋友，产品是他们产生关系的唯一媒介。

第二，用户思维是信任与认同的思维。打动消费者只能算是开始，想让消费者成为忠实的用户，还需要带给他们认同感和信任感，只有这样才算是真正的用户思维。要想获得用户的信任，就要让产品体验超出他们的预料之外，即在满足用户的基本诉求之外，还能带给他们极致的产品体验和身份认同。

用户的思维和认同会带来一种什么效果？比如，你购买了华为、联想、HTC的手机，这三者会让你产生什么不一样的感觉？没有，它们基本上是相同的，但如果你买了苹果手机，那你的感觉就完全不一样了。因为苹果代表了一种生活方式、一种价值观。你在感觉到它可以信赖的同时，还可以感觉到对自己及身份的一种认同——小米和苹果存在着一种情感认同，无论是苹果的品质生活，还是小米的极客文化。

第三，用户思维是社群营运思维。传统的客户思维体验是客户与商家发生了交易之后才产生的，而用户思维则是从你开始关注时，体验就已经产生了。只要发生关系，比如，你在关注微博或订阅官方微信时，就已经成为了用户。用户思维模式，就是通过持续不断地体验，让你从关注到产生兴趣，再到成为使用者，然后变为“粉丝”，最后形成社群。

社群是用户思维模式运营的最高级形态，如果想要知道社群会形成多大的力量，只要想象一下信仰的力量就可以了。商业社群触发于产品，深化于体验，成型于产品的独特魅力。产品有多极致，体验就有多完美，对社群的感召力就有多大。

移动互联网，特别是微信、微博的出现，让社群组织变得更容易，微信可以让一群有着共同兴趣、爱好，相互间高度认可的人自发形成一个组织，形成一个社群。

## 第二节　互联网营销思维与传统不同

在我们的认识里，传统营销模式无非就是砸广告、价格战、占领渠道，这就是传统“营销三宝”。传统工业企业，最擅长的就是宣传打广告，给优惠价格，凭借固定的渠道。后“互联网+”时代，这些传统营销思维或许不再适用。

传统营销方式是把产品的独特卖点传递给消费者，也就是说，营销人员给客户介绍某款产品有何独特地方，营销人员会首先了解推荐产品主要有几个特点，然后把这几个特点在短时间如半分钟内介绍给消费者。尤其是在工业化时代大规模生产产品，大规模销售产品，企业会想方设法投放广告打造品牌。

但如今，后“互联网+”时代到来，给企业带来了新的营销方式，也带来了更多营销挑战与机会，营销有了新思维，并且这种新思维每天都在更新，每天都有变化。

### 1. 口碑效应

从传统营销来说，企业流水线大规模生产出产品，营销部门了解产品的主要用途特点，或者说是卖点，然后传递给消费者。

互联网大众传媒时代营销有新变化，所有的产品不是基于卖点，而是基于消费者喜不喜欢，消费者喜欢这个产品或服务，营销就能达成。也就是说，对产品或服务的评价标准，从过去的产品卖点变成了消费者喜欢。

传统企业花大力气打广告，比如电视节目、传统报纸等，而后“互联网+”时代，年轻消费者不再看广告，也许更愿意去看一些社区或点评网中的点评或评论。换句话说，年轻消费者不看你广告做得怎样，而是更关注消费者口碑。

## 2. 平台共赢思维

后“互联网+”时代，制造商、供应商、传播媒介、买家、卖家、金融支付、物流部门等都从线下搬到了线上，卖家要想取得营销业绩，需要有共赢思维，也就是说，让所有这些相关部门都获益，共赢的营销就是好的营销；而传统营销，卖家找到买家，双赢就可以达成交易。

互联网带来了技术，更带来了全新的营销思维，后“互联网+”时代的营销整合了微信、QQ、邮件、手机等多种通信工具，让企业与客户建立连接，直接进行沟通。在竞争日益激烈、信息越来越透明的今天，任何产品都不能仅仅依赖传统营销思维来占领市场，或通过价格优惠、渠道等方面来赢得市场，因为后“互联网+”时代要有全新营销思维。重要的是用户思维，从用户需求角度，开发产品，提供服务，而不是传统上先有产品，然后进行宣传。

后“互联网+”时代，销售的渠道日趋扁平化，不再呈现金字塔状、几何状，而是垂直抵达潜在受众。传统硬广告开始失效，传统的电视、报纸、杂志广告无法成为交互的媒介。娱乐将成为商品营销的重要因素之一，工厂根据你的需求进行定制。

### 3. 以客户为中心

后“互联网+”时代，或先有目标客户群体。传统上来说，一般是先有产品，然后寻找目标消费群体，而后“互联网+”时代，企业可以先有目标消费客户群体，以客户为中心来进行产品开发或生产。

以客户体验为向导，把价值、情感等放进广告，后“互联网+”时代让客户有更多体验，产品或服务好不好，客户说了算。从传统上来说，营销部门考虑的是广告、专业、盈利等内容。后“互联网+”时代营销过程也是客户体验过程，所以服务更重要，快乐营销与传递正能量的娱乐营销更重要。在购买过程中，通过交互媒介给客户带去好心情，客户开心，购买产品的概率就大了。

### 4. 新媒体传播

借助新媒体进行产品服务推广。微博、微信、企业网站、手机终端等，卖家企业可以借助各种新媒体进行营销推广，而传统的营销，一个企业只能通过纸媒或电视来做广告。

后“互联网+”时代营销特点是聚焦、创新、跨界、自媒体等，而传统意义上的营销部门要制定营销战略与营销策略。后“互联网+”时代，所有产品从线下搬到了线上，而线上营销思维比传统营销更加灵活，更加多元化。

### 5. 大数据营销

大数据时代营销信息越简洁越好。传统的营销部门会尽可能地把一个产品描述得更详细、更具体、更全面，让客户能够更多地了解到有关产品的信息，而后“互联网+”时代，这种信息越简洁越好，只要消费者喜欢就好。信息源的传播从过去的卖家到买家双方传播，变成了后“互联网+”时代的信息源撬动传播。

后“互联网+”时代，企业营销部门需要改变传统工业化营销思维，重新思考价值链。新的营销思维每天都在变化中，只有不断学习才能跟得上时代的步伐。

## 第三节　消费主体“80后”“90后”登上舞台

“80后”“90后”将是未来中国的消费主力，这几乎是所有商家的共识。

几乎所有的企业，都在将“80后”“90后”确定为最大的目标客户。不难发现，“80后”“90后”的消费观念、消费能力、消费欲望，都已与他们的上一代完全不同，我们的消费环境也正因他们发生着深刻的改变。

没有一种现象可以脱离孕育它的环境，犹如一个人只要活着就不得不依存于社会。人们常说，要透过现象看本质。如今，“80后”“90后”正以时代风向标的姿态屹立于当下，让人不禁要问：到底是什么样的环境造就了他们?

第一，没有兄弟姐妹，让“80后”“90后”缺乏合作意识。由于新生代员工绝大部分是独生子女，他们是在父母的百般呵护的环境中、在父母不断地激励及赞扬声中茁壮成长的，同时，独生子女从小家庭里就缺少兄弟姐妹间的竞争，所以他们身上暴露出的缺点也是非常明显的：缺乏合作意识，常常以自我为中心，自尊心及他人认可意识强，因此感性认知强烈，养成了较为自我的个性特征；面对问题和冲突时，通常采取“懒得理你”“你根本就不懂”等无所谓的态度。

第二，经济的全球化，信息传媒高速发展，造就了新生代价值观多元化。新生代在青少年时期恰逢互联网和视听媒体的盛世。面对铺天盖地多元化及个性化的超载信息，找不到统一标准的他们，更多地凭自我的感性认识去选择符合个人喜好的信息。多样化的刺激下，这代人见多识广、心理早熟却又富于感性。

在互联网兴盛之前，人类更多地经由过滤的渠道，如电视、报纸、书籍等获得信息和知识，知识获取与接受教育同步进行，人的价值观也很自然地受到师长的教诲和主流价值观的熏陶；而在网络时代，面对浩瀚的信息，年轻人充满好奇地搜索和浏览，却没有人能够教育和管制他们应当搜索哪些信息。这种获得信息与社会教化相对分离的现象，是全人类首次遇到的，也加速了新生代个性化的发展。

第三，多变的环境，让新生代更多地是为自己考虑。改革开放以来，中国社会进入飞速发展时期，严峻的就业形势、激烈的人才竞争，给新生代带来了巨大的压力。随着社会竞争的加剧，生活、工作节奏的加快，家庭的部分功能日益社会化，新生代独立空间加大，为自主意识的形成创造了条件。新生代员工将自身与企业的关系看作纯粹的雇佣关系；新生代员工注重自我目标的实现，不愿意为了企业目标牺牲自身利益，责任意识缺乏。

第四，成长于市场经济高速发展的年代，思想开放、视野开阔。新生代出生于国家走向振兴的年代，成长于市场经济高速发展的年代，工作于中国全面融入国际社会的今天。这种成长环境造就了他们思想开放、视野开阔、接受和理解新鲜事物快、认知和操作能力强等特性。他们不囿于传统的人情面子，愿意并敢于直接表达自己的想法。他们没有多少历史的情结，没有思想包袱，处理问题时既不循规蹈矩，也不顾及他人的看法和感受。

由于在成长过程中没有经历过重大的挫折，他们在遇到问题时不是采取基于以往经验的“印刻”性的反应。研究表明，人们在面对不确定的问题时，为了节省脑力，往往不会仔细分析，而是根据过去的经验采用直觉性的反应。虽然有时这样做解决问题快速而且正确，但当面临的问题表面看来是个老问题，而实际上却不同于以往的问题时，采用直觉性的反应就会犯错误。这样看来，对于新生代来说，缺乏丰富的经验也并不都是坏事情，反而使他们在瞬息万变的环境中具有更强的适应性。

综合以上成长环境因素分析，新生代的价值观呈现如下特征：自主个性，追求快乐，淡化权威，追求公平，厌恶规则，崇尚自由，注重工作环境，关心生活品质。

与“60后”“70后”相比，“80后”“90后”更注重自我体验。这可以用流行的一句歌词“我的地盘，我做主”来很好地形容，这诠释了现代年轻人的一种个性化特征。

市场营销的战略思想无非如此：商家要不断地研究消费者的心理特点与变化趋势，并依据其特点制定营销策略，才能在营销中立于不败之地。相比之下，仍有许多企业和商家虽然口头上讲的是“以消费者为中心”，但长期的思维定势在头脑中形成的还是“以我为中心”的经营观念，市场越做越小，生意越来越难做。

## 第四节 消费娱乐化：无娱乐，不营销

相信几乎所有的企业都面临这样的问题：随着竞争的加剧，产品、服务日益同质化，信息和媒体的传播不断被碎片化，消费者开始对营销信息产生视觉疲劳和思维迟钝。

这是一个信息高速传播的互联网时代，一个企业到底采取什么营销手段才能保证其业绩不断攀升？在社交媒体不断发展的时代，当“草根”消费者可以在互联网上任意发表评论，甚至开始对品牌信息采取娱

乐化的手段传播的时候，品牌又如何与消费者进行沟通？

这就是当下流行的娱乐营销。娱乐成就了很多伟大的公司，像我们最熟悉的苹果公司，其营销的本质就是利用科技产品比如iPhone、iPod、iPad等让人们可以更加便捷地娱乐。

新兴的科技公司如此，连传统行业也是如此。

快餐行业的巨无霸麦当劳，其CEO创办麦当劳的时候，就说“麦当劳不是餐饮业，而是娱乐业”，而吸引众多家长带小孩走进其餐厅的主要原因是麦当劳可以给小朋友带去快乐。

还有，迪士尼是以给人快乐为产业的公司，而其已经覆盖了电影、电视、明星、英语、消费品、乐园，核心依然是在“贩卖”娱乐。

不仅如此，娱乐还让很多品牌保持活力的形象。

百事可乐每年花费巨大，采用娱乐的手段，跟年轻人沟通，比如音乐、街舞、网络游戏、影视植入等。

汽车品牌雪佛兰在美国大片《变形金刚》中植入的大黄蜂形象，让很多消费者对雪佛兰品牌印象深刻。

未来，几乎所有的行业都将是娱乐业，企业在本质上就是一个舞台，每个品牌都要学会“秀”出自己，而未来也将是娱乐营销升华品牌的时代。

伴随着中国当下娱乐产业的迅猛发展，采取娱乐营销可以说是“高歌猛进”，但是还有很多的传统企业其营销思想还是局限在传统的渠道当中不思进取，不知道如何去进行娱乐营销传播，以及如何让品牌变得娱乐。

从大环境上看来，中国的消费者已经非常重视娱乐，但是很多品牌却很严肃，大部分的品牌不敢娱乐，这种不敢娱乐的心态，会导致品牌没有个性，不能带给消费者新鲜感。很多品牌甚至都不敢让消费者去谈论，比如不敢开微博，不敢在互联网面对消费者的意见；而同时有很多品牌开始娱乐营销的尝试，也仅仅是搭顺风车的思路，比如，把某个品牌嫁接在某一个活动上，希望能够借此提高影响力，但是，这样纯粹事件性营销的做法很难让企业品牌真正与消费者产生共鸣。

说到这里，我们传统企业其实已经明白了自己的问题，那么如何娱乐你的产品和品牌呢？什么才是真正的娱乐营销？

所谓娱乐营销，就是借助娱乐的元素或形式，将产品和服务与娱乐有机地结合，让消费者在娱乐的体验中对企业以及产品或服务产生好感或联想，从而激发消费者的情感、触动消费者的心灵，以达到商品软性销售的营销策略，因此，娱乐营销的本质建立在与消费者之间的感性关系上。

让产品、服务与娱乐进行良好的衔接，需要品牌制造出可供消费者娱乐的内容，这就如同明星的话题一样，品牌必须不断有新鲜的话题，这些话题要足够有趣，要有幽默感，同时品牌还要提供给消费者鉴赏、投票、评论、涂鸦、个性创作的机会，加深营销活动印象，让品牌不断地积累"粉丝"，并通过"粉丝"建立品牌社群。

营销不仅是把产品卖出去，还要把品牌和口碑树立起来。品牌和口碑的树立，在社群中更容易实现。社群是出处在一定的地域范围，有着相似的兴趣、爱好、价值观，相互之间有一定交往关系的人组成的群体。只要获得了社群中一小部分典型人群的认可，就很容易获得其他人的认可，这对于品牌和口碑的树立是极其有利的客观条件。

当下营销领域正面临着一场颠覆性的变革，互联网世界风起云涌，社群营销风生水起，新兴互联网络大有盖过传统媒体之势。在如今瞬息万变的商业领域，老一套营销技巧在网络时代早已力不从心，墨守成规很快就会被客户甩在后面。当你的潜在消费者一次次与你擦肩而过的时候，你竟然不知道问题出在哪里。

每个人生存的空间和接触的事物都存在一定的局限性。如果没有他人的帮助，要想与外界进行零距离的沟通，简直是天方夜谭。社群营销的根本在于建立一个可以相互信赖的关系网，关系网建立的过程，就是财富积累的过程。

互联网时代，消费主体发生了根本性变化，“80后”“90后”走上了历史舞台。“80后”“90后”这一群体接受了市场经济、全球化、互联网进程的洗礼，他们的人生观、价值观和世界观以及由此衍生出的消费观，呈现出与其父辈迥然不同的特征。

有一家面积不大的葡萄酒销售门店，销售利润增长之高令人吃惊。原来，其业绩大幅增长的一个重要原因在于社群媒体运用的成功。该公司有一批训练有素的社交媒体使用者，他们与“粉丝”之间互动活跃，对于投诉和赞扬的留言会马上采取行动，还经常举办奖励活动，回馈消费者。

互联网时代，让每个品牌找到与消费者连接的最短最便捷的路径。只要你有足够的闪光点、吸引力，甚至是噱头，你都可能迅速聚集起一群追随者，如果你能够去经营这些社群，那么你将可能在一个竞争激烈的新的商业世界找到新品牌存在的机会。

传统的产品推广方式越来越难以维系，用户越来越容易产生审美疲劳，导致推广成本越来越高。由此人们越来越重视“粉丝”经济、社群经济。未来的品牌没有“粉丝”迟早会死。

移动互联网时代，每个人都可以随时随地在线，这让具有相同志趣、相同爱好、同等才能的人更容易聚在一起，形成现代新型社群。在这个社群里，大家经常沟通、建立感情、互相帮助、彼此信任，从而形成了强大的凝聚力。

除此之外，企业还应该注意以下策略。

### 1. 把单个娱乐资源不断放大

有很多品牌的传统营销方式，都是请明星做广告代言，这必定要付出高昂的明星代言费，而最后仅仅是拍个广告而已。其实，这远远不够，企业一定要利用明星的影响力，来建立产品和明星更近的距离，让消费者与明星、品牌互动。

### 2. 科学评估，控制风险

企业方在请明星代言时，不要单纯去看哪个明星最火，要考虑明星的影响力。对于明星影响力的评价，也不能只看曝光量，还要考虑其目标群。娱乐营销也会有风险，例如明星代言人有丑闻怎么办？自身产品出现了问题，怎样去解决？品牌可以娱乐，但不能恶俗。

### 3. 建立娱乐化的元素和品牌价值的对接与融合

任何一种品牌都可以找到娱乐的核心诉求，但不是所有的品牌都能够持续地将这个要素传达出去，找准品牌形象中的要素与娱乐元素进行匹配，才能实现品牌的最大价值，这需要企业对消费者娱乐的生活方式、娱乐的表达方式和娱乐热点事件要进行深入动态的洞察。

下面，我们来看一个案例。

这是一个典型的娱乐营销案例。2015年，是加多宝继续冠名《中国好声音》的第四年，加多宝借助《中国好声音》完成了品牌扩张的全过程，它已经紧紧地和《中国好声音》捆绑在了一起，如果《中国好声音》没有了加多宝，人们可能反而会不大习惯。

2012年，从海外引进版权的综艺节目《中国好声音》开播，此时正值加多宝品牌纠纷时期，面临失去红罐凉茶市场的风险。于是，加多宝果断冠名《中国好声音》，打出“正宗好凉茶，正宗好声音”宣传口号，配合《中国好声音》原版引进的特点，加多宝号称自己才是正宗凉茶，并且以正宗凉茶身份迅速进入并占领大众视野，这个冠名合作到2015年已是第四届。

2015年，加多宝与《中国好声音》的合作更加默契，加多宝顺势启用第三季《中国好声音》冠军张碧晨出任广告片主角，号称要将《中国好声音》打造成“夏季春晚”，让观众在每年暑期档的周五都能锁定《中国好声音》，并在观看的同时一定要搭配加多宝——简直跟过年要吃饺子一样。

双方品牌达到前所未有的交融，《中国好声音》的年轻态和加多宝不断宣扬的积极向上的品牌文化相互渗透。加多宝还促进《中国好声音》达成与腾讯的合作：微信投票、平台独播、音乐授权等全方位联动以及360度整合营销推广。

最终将观众的高度关注与认可直接带入了品牌与综艺节目构建的“共生体系”。

### 4. 学会整合不同的娱乐媒介形式和载体

娱乐营销有多种形式，明星代言、电影营销、音乐营销、体育营销、网络视频、印刷媒介、电视广播、比赛评选、旅游探险、艺术展等都属于这个范畴。

当下各种选秀节目盛行，像《中国好歌曲》《中国好声音》《最美和声》等，它们的成功，都是在于一个跨媒体娱乐营销的成功，动用了各种手段，包括互联网、电视、杂志和短信投票，形成议题设置，发挥不同娱乐传播介质的作用，在不同的媒介平台上提供不同的娱乐参与渠道与方式。

美国经济学家沃尔夫认为：“社会中的一切经济活动都能以娱乐的方式进行，极少有什么业务能逃脱娱乐因素的影响。倘若没有娱乐内涵，在明天的市场上，消费性产品将越来越没有机会立足。”

无娱乐，不营销；越娱乐，越畅销。你的品牌够娱乐吗？

# 第九章



## 营销环境：移动化、碎片化与场景化

消费者不会在固定时间、固定的购物场所进行消费，而是随心所欲地全天候、多渠道地消费。人人都是自媒体，个个都是消息源，大家的注意力被分散在各个媒体，于是消费地点碎片化、消费时间碎片化、消费需求碎片化。

很多时候营销想要触动消费者必须要有匹配的情景，因为人是受环境影响的，产品要能够制造出让消费者关注的内容话题，并通过不同的媒介制造出短时间内的话题场景才能引爆品牌。

## 第一节 营销移动化

在我国互联网发展过程中，PC互联网已日趋饱和，移动互联网却呈现井喷式发展。所谓移动互联网，就是将移动通信和互联网技术结合起来，成为一体。比如，一个4G手机就是一个移动终端。

移动终端是个人化的平台，用户自己承担移动终端的费用，他们很难接受强制推送的移动广告。

随着移动终端的不断普及，中国移动互联网营销成为企业营销的热土。越来越多的广告主认识到移动广告的重要性，不断地加大投放规模，提升在整体营销和预算中的占比。根据实力传播全球的预测数据，2013年—2016年，全球新增广告支出总额的36%将来自移动广告，移动端将在2016年成为世界第四大广告平台。如今这个数字已经实现。

早在2013年，蒙牛乳业开始尝试移动互联网营销，减少传统电视广告的投放规模。例如，蒙牛推出“精选牧场纯牛奶”就是基于移动互联网思维，让消费者通过扫描包装上的二维码这一简单、直接的方式，了解产品信息，尤其是牧场信息，让消费过程更加透明开放。此外，参与二维码扫描，不时会有活动信息，通过互动奖品等形式增加用户黏性。

蒙牛乳业市场副总裁Jesper认为："传统营销中我们通常会寻找与消费者接触最集中的平台，用标准化的沟通模式，将信息用最高性价比的方式传递给消费者；而移动营销的特性恰恰是1对1营销的极致体现，用户更加强调即时性、互动性以及个性化。企业主必须转换既有的思维模式，针对移动用户人群图像、使用习惯等有针对性地设计互动方案，才有可能在竞争中胜出，得到消费者的青睐。"

但是移动营销并非简单地将PC端的广告形式复制到手机上那么简单。因为在手机上有百万级的APP，注意力多元化，而每台IOS设备平均APP下载数为83个，入口支流化，加上移动互联网上没有门户级APP的出现，信息和入口更加碎片化，这些其实都加大了移动营销的难度。

实力传播大中华区CEO郑香霖认为："尽管用户使用移动终端的时间很长，但广告的接受度比别的媒体都低。移动终端是个人化的平台，用户自己承担移动终端的费用，他们很难接受强制推送的移动广告。结合移动端的展示和用户使用特点来考虑移动广告的展现形式是需要重点考虑的方向。"

随着像微信这样杀手级APP应用的出现，APP已成为移动互联网的主要入口，企业营销除了要建立一个属于自己的APP，就好比互联网上的官网和域名一样，还要积极地抢占各大APP的入口资源，提高在手机上的品牌曝光度。

微信不只是一个聊天通信工具，更是一个强大营销平台。企业在这里建立了公众号来推广产品，实现高效营销，为用户提供特色服务。这种方式让每一个微信公众号都变成了一个强大的APP。

当当网是一家大型的电商企业，用户在PC端可以登录购物，买到廉价的图书、服饰等产品。

随着移动互联网的发展，手机APP、微信等营销手段逐渐成为了人们常用的购物方式。当当网也建立了APP，而且在客户端中当当网及时向用户发送一些最新产品和优惠信息，但是当当网依然建立了另一个快捷的移动营销方式：微信公众号。

与APP客户端相比，很多用户都偏好在当当网的微信公众号中购物、查看优惠信息。这不禁让人发出疑问：APP如此强大的一个功能，为什么还不如微信公众号受欢迎呢？

第一，当当网APP占用用户手机内存较大，一个当当网的手机APP大小就是7M，如果一个用户的手机中下载十几个APP，再加上原来的预装软件，则会令手机内存负荷加重，从而导致手机运行缓慢，甚至还会出现缓冲、卡等状态。当当网的微信公众号则不占据任何手机空间，它是依附在微信整个软件之上，操作便利快捷。

第二，在当当网APP中所能看到的内容，在当当网微信公众号中都能看到和使用。可以说，当当网的微信公众号包含了APP所有的功能。

比如，商品分类、查询订单、优惠信息、手机充值等所有APP包含的内容，在当当网微信公众号中都能看到；而且在当当网微信公众号界面中，点击“好书推荐”还能马上收到当当网为用户推送的时下热门畅销书，点击即可进入快速购买通道，无须其他烦琐程序。

此外，当当网微信公众号还会定期给用户推送各种大牌打折信息，以及各种各样的优惠活动和抢购。让用户可以第一时间得到优惠信息，从而完成抢购。

还有很多贴心服务，是手机APP无法带给用户的。在手机APP客户端中，用户只能购买产品，参加简单的优惠活动。在企业的微信公众号中，则还能参与更多抽奖活动、玩游戏闯关赢大奖等。带给用户方便快捷购物的同时，还给用户带来了乐趣。

不只是当当网，很多电商企业，包括各种传统企业都在微信中建立公众号，将APP中所有的功能和一些创新功能带给用户。由于微信公众号的众多优势，很多用户的手机上虽然没有太多的APP，但是在微信中却关注了十几个甚至几十个企业微信公众号。

微信平台倡导“平台、公开、自主”原则和理念。在这种原则的基础上，微信将给企业创造一个更加强大全面的营销平台。在未来，微信公众号还会实现更多APP不能实现的高级绑定功能，比如微信号绑定企业品牌空调、电视，让用户手机成为高级遥控器，甚至只需要在企业的微信平台上发送语音，就能实现各种服务。

用户只需要关注企业微信公众号，就能实现APP所包含的功能和内容，包括网购、服务等。用户只要每天登录微信，接收企业信息即可，而不必被频繁的APP提醒声音扰乱日常生活。

关注企业微信公众号，还能为用户节省大量的内存空间，利于手机运作，方便用户操作，顺利实现高效购物和服务。更重要的是，企业微信公众号能够通过微信这个社交平台与用户保持一种情感上的沟通和联系，打消用户对企业的商业抵触和反感，增强用户对微信公众号的黏性。

## 第二节　营销碎片化

从传统PC网络时代，到现在的移动互联网时代，交友、购物、阅读、出行、游戏、视频等，由于智能移动终端的出现，完全颠覆了人们以往的生活方式，社会信息空前爆炸，媒介资源铺天盖地，时间呈碎片化状态。

由此，传统企业在品牌树立和营销推广方面的策略也发生了巨大的、根本性的变化：强调即时互动。“场景化营销”时代来临，借助符合用户生活形态的场景化设计，重塑产品的渠道和链接方式是决定营销成败的关键。

“流量”被认为是衡量互联网行业水平高低的重要指标。从PC网络到移动互联网，流量的变化大约经历了四个阶段。

第一阶段：互联网面世时，无论搜索引擎、网址导航，还是电子商务，人们对这一切充满了好奇。这一时期，基本上任何流量都能吸引大批用户的关注，流量变现的转化率很高。

第二阶段：是“导流”。在这个过程中，流量的转化率逐渐降低，原本单一粗放即可“套现”的方法不再适用，互联网的设计运营开始细化提高，诸如“聚合搜索、导购”等模式盛行一时，但这一阶段仍属“流量生意”的范畴。

第三阶段：移动互联网的出现开始改变社会生活，手机代替PC成为主要的信息接收终端，时间呈碎片化发展，消费者由此变得移动、分散，原本的流量模式受到很大冲击。人们更关心产品和服务是否能够满足自己的个性需求。曾经被追逐抢占的流量逐渐边缘化，据此构建的商业模式开始贬值。

第四阶段：随着“互联网+”概念的提出，智能工具的普及使流量垄断的局面难觅踪影，流量在变现过程中的耗损高于以往任何时期。移动互联网世界，一切开始要求精确，没有“金刚钻”的“瓷器活儿”注定被遗忘和淘汰。

“时间碎片化”的移动终端营销环境，是当今社会对个体存在的一种典型描述。如何在移动、分散、碎片的环境中，抓取用户注意，是营销的必备绝技。

# 第三节　营销场景化

在移动互联网时代，要想在移动、分散、碎片的条件下真正打动用户，最好的方法莫过于即时互动：设置一个贴近用户实际生活的场景，让消费者在亲切自然中被触发打动，随心接受商家提供的信息，这为治疗企业的互联网焦虑提供了全新思路——营销推广由以往的信息轰炸开始向个性化的互动体验转变。

饥肠辘辘时有“饿了么”，打车用“滴滴快的”，买电影票上“格瓦拉”，寂寞找“陌陌”，这些经典案例所代表的市场行为都是在消费者最需要时准确出现。彼时彼地的场景营销，可称得上直达诉求本质的人文关怀。

此外，基于搜索定位和归纳分析的综合服务是场景化时代应用的一大趋势，并且早已超出商业营销的单一范畴。在国外，对场景的出色模拟甚至可以预测犯罪的发生，在公共安全领域成为警方的得力助手；而国内，基于购物和社交的服务相对更为突出。这主要是由不同国家社会发展的特性和企业在选定商业模式时的不同倾向所造成的。场景营销的大时代已经来临，社会生活将由此改变。

移动商家在争夺场景时需要场景覆盖，但更需要巧妙的方法。一个成功的APP背后一定有着自己的一套构建场景的方法论，而这些方法都会遵循几个核心原则。

### 1. 构建场景的过程要自然

360手机卫士在收到流量不足提醒短信的时候会引导用户去购买流量包，这种流量包购买的场景构建得非常自然，让用户更容易接受。所以，场景的构建应该顺理成章，在用户觉得合适的条件下来触发构建，而不是无中生有。

## 2. 构建场景的细节越具体，对用户的推动力越大

携程曾和太平洋保险合作在其APP上销售航班延误险，但是购买者并不多，其主要原因在于，携程营造的购险场景不够具体，导致对用户的推动力不足。

试想一下，你在购买某次航班机票时，APP会在显示购险按钮的同时给出该航班晚点率高达75%，用户的购买率会不会提升呢？

## 3. 构建场景应多利用外部触点

众所周知，一个手机里面有高达80%的APP是平时不会被用户想起使用的，所以即使在应用内设计非常完善的场景构建体系，但是用户不主动使用，这些场景也不会对用户产生影响。

在手机使用环境中，存在着很多可供场景化利用的触点。位置信息、通知栏消息、短信都可以作为场景化的触点；而短信则是作为场景化触点中内容最丰富，却被人们遗忘得最彻底的一个。

可以运用银行账单短信轻易地构建出一个分期付款的情景，可以利用机票短信构建出一个订目的地酒店的情景，可以运用水电煤账单短信构建一个移动支付的情景，让用户养成用支付宝或微信支付的习惯。

# 第十章



## 营销模式：互联网思维、媒体趋势与消费商模式

传统企业的互联网转型，大致经过以下四个阶段：第一阶段是传播层面的互联网化，即狭义的网络营销，通过互联网工具实现品牌展示、产品宣传等功能；第二阶段是渠道层面的互联网化，即狭义的电子商务，通过互联网实现产品销售；第三阶段是供应链层面的互联网化，通过C2B模式，消费者参与到产品设计和研发环节；第四阶段是用互联网思维重新架构企业。

当下，传统企业正处在第一和第二阶段，仍然纠结于开通微信还是微博，入驻天猫还是京东，并没有形成一套完整的互联网转型思路，也就导致了绝大部分的传统企业互联网化浅尝辄止；而传统企业的互联网化，是通过互联网思维来重塑企业的整个价值链。

## 第一节　互联网思维与营销结合

营销的本质包含三个方面：谁是消费者，消费者的需求是什么，如何满足消费者的需求。

互联网的出现，在企业和消费者之间架起了一座沟通的桥梁，它首先给营销带来的便是网络广告，网络广告的传播使得产品和服务的展示变得更为快捷、便利和精准，有效解决了信息不对称的问题。

随着互联网的发展，信息的展示方式不断升级，从门户到社会化媒体，从新浪网到新浪微博，传播效率由低到高，沟通方式也由单向到双向，这也给营销带来了新的机遇和挑战。博客、微博、微信、QQ空间等社交产品，或者说互联网产品，对于营销的意义难道仅仅是传播层面的改变，即“在合适的时间，把合适的信息，以合适的形式，通过合适的媒介，传递给合适的人？

“互联网思维”这一被广泛讨论和研究的系统性理念对于营销的意义仅仅止于互联网产品的传播作用吗？真相当然远没有这么简单。

下面，将互联网思维与营销结合起来分析，具体而深入地研究互联网的六大思维给营销模式带来的创新。

### 1. 用户思维

互联网思维给营销带来的最重要的理念便是用户思维。在互联网时代，借助于博客、微博、微信等互联网产品，信息的传播不再是一点对一点或一点对多点的单向传播，而是多点对多点的多向传播。

在这信息的大网中，核心就是用户。用户的意见与反馈借助于互联网而变得更有分量，因此，企业的产品和服务的质量也变得更为透明。随着大众点评网等新型互联网企业的出现，用户的话语权增强，这种自由而互助式的点评方式，对于企业也是一种客观的评价。

因此，“追求好评，杜绝差评”成为了企业的营销任务之一，这背后即是用户思维的体现。当然，这与传统营销中“一切以顾客为中心”的营销理念有所区别，因为在互联网时代，顾客或者说用户的声音将更有威慑力，它不再可能仅仅是一句口号，而是要切实转化为“以用户为中心”的互联网思维。

用户思维在营销模式上的应用，还体现在以下三个方面：市场定位、品牌规划与体验设计。这三个方面正好对应了营销的三个本质，即谁是消费者，消费者的需求是什么，如何满足消费者的需求。

从市场定位来说，互联网经济是较为典型的长尾经济，这就意味着企业的市场定位尤其要关注长尾人群，他们虽然单个消费能力不强，但通过互联网聚合起来，就会有强大的影响力和消费力。传统行业很难满足小众需求，但在互联网思维下，依靠长尾理论，企业依然可以“活得很好”。

从品牌规划来说，互联网时代的用户多为年轻群体，他们自我意识强烈，有很强的参与感，喜欢分享与表达。因此，在品牌规划的过程中，企业可以在用户的情感需求上下功夫，让用户参与到产品和服务的某个环节中去。比如产品的研发设计环节、品牌传播环节等，前者实现了定制化，而后者则形成了互联网时代的“粉丝经济”。

从体验设计来说，互联网经济也是典型的体验经济，一切以用户感受说了算。所以在品牌与消费者沟通的每一个环节，都要注重用户的感受。售前的咨询、售后的服务、产品内外包装给人的感觉、认知的媒介、购买的渠道等，都是构成消费者体验的一部分，所以从满足用户需求的角度，在品牌与消费者沟通的整个链条都要贯彻用户体验至上。

### 2. 简约思维

互联网思维应用于营销所带来的第二个重要思想就是简约思维。亚里士多德曾说“自然界选择最短的道路”。14世纪逻辑学家奥卡姆·威廉提出著名的奥卡姆剃刀原理，告诫人们“切勿浪费较多东西去做用较少的东西同样可以做好的事情”。后来以一种更为广泛的形式为人们所知，即“如无必要，勿增实体”。奥卡姆剃刀原理演变为一种“以结果为导向，始终追寻高效简捷”的思维方法，即简约思维。

传统的商业模式正不断受到互联网的冲击，消费者的话语权越来越强，大众的审美也在追求简单化。不用多费脑子思考的娱乐新闻、综艺节目，更直白的互联网沟通平台，方便快捷、支付简单的网购，等等，越来越成为一种趋势。

从消费者的行为来看，消费者的选择太多，选择时间太短，消费者的耐心越来越不足，转移成本太低（线下从一家门店出来再进入下一家，线上只需要点击一下鼠标），所以，企业必须在短时间内能够抓住消费者。这便是一种简约风格。

因此，简约思维逻辑成为了互联网时代重要的商业逻辑。应用在营销模式上，就是要尽可能地简化传递给用户的信息量，例如少而精的产品线、唯美而简约的设计风格、简单易用的用户体验等，使消费者在信息爆炸的互联网时代，对于品牌及其产品依然有很高的辨识度和忠诚度。概括起来，就是要满足三个要素：看起来简洁，用起来简化，说起来简单。

看起来简洁，就是要把简单的界面呈现给用户，把简洁的产品提供给客户，把复杂的组织和逻辑留在背后；用起来简化，就是要用户不需要花心思记住操作的顺序、功能的位置，一键直达需要的功能，找到想要的界面；说起来简单，就是要使提供的产品或服务能够快速地让客户看到其价值，并能用简单的语言来描述，进而传播，达到口碑营销的目的。

### 3. 极致思维

互联网思维强调以用户为中心，而要抓住用户，首先要准确地把握用户的心理。从营销的角度来说，就是要让用户在视觉上“惊讶”，在使用上“超预期”，让好产品自己“说话”，达到口口相传的效果；而要做到这些，就必须将产品或服务做到极致。

服务即营销，极致的服务必然超预期，超预期的服务必将带来极好的营销效果。

阿芙精油是淘宝精油品类销售第一名。用户在消费者购买过程中，阿芙的客户服务24小时无休轮流上班。在送达用户的包裹中，不仅有其购买的商品，还有一些小型的试用装和赠品，这些小赠品虽然成本不高，却让消费者有超越预期的收获，起到了二次营销的作用，吸引用户再次购买。

除了购买过程中的服务体验，阿芙精油还设有“首席惊喜官”一职，他们的任务就是每天详细阅读顾客的留言，判断哪位顾客是潜在的推销员或专家，找到之后他们就会询问地址、寄出包裹，为这个可能的“意见领袖”制造惊喜，使阿芙精油获得更大的曝光量和推荐率。如果快递延误，用户还会收到“心碎道歉信”。如此种种，阿芙精油的成功依靠的正是极致的服务体验，它也真正诠释了什么是“服务即营销”。

在互联网时代，媒体的传播从传统的自上而下的传播逐渐变得扁平化，每一个有影响力的用户都将变成自媒体，不管是名人明星还是“草根”意见领袖，不管是微博大号、微信公众账号还是普通的用户，都是有一定影响力的传播媒体。因此，把握用户心理，用好极致思维，对于产品和服务的营销，都有着巨大的帮助。

### 4. 迭代思维

互联网时代，科技的进步带来的是产品的迅速更新换代，对于手机等数码产品来说，更是如此。迭代思维，是针对用户的反馈意见，以最快的速度进行调整，并融合到新的产品和服务中。

在当代商业竞争中，客户需求快速变化，因此速度比质量更重要。不追求一次性满足客户的需求，而是通过一次又一次的迭代不断完善产品和服务，才能在市场中站稳脚跟。这也是微信在第一年发布了7个版本的重要原因。

在迭代思维中，有两个法则：一是小处着眼，微创新。它强调的是要长久持续而快速地在产品、体验方面进行改进，持续地改进最终会促进质量的提高，甚至是颠覆性的创新；二是天下武功，唯快不破。这一点强调的是，“快”是互联网产品的发展根基，产品开发要快，发展用户要快，营销要快，才可以立足于市场，赢得竞争。

为什么能快？跟小处着眼、专注是分不开的。两者互为依存，微创新是快的内在表现形式，快是微创新的外在结果；而迭代思维的本质，是要及时乃至实时地把握用户需求，并能够根据用户需求进行动态的产品调整。

结合营销，迭代思维也是不断发现消费者需求，并满足其需求的过程。在快速迭代的过程中，必须有足够多的用户反馈，让用户参与产品或服务完善的整个环节，这样就把日常营销自然融入到产品与服务的迭代完善的过程中来，实现事半功倍的效果。

将互联网思维与传统企业结合起来就能发现，传统企业是研发——生产——销售的标准模式，需求阶段更多依靠的是用户调研和第三方报告，研发周期长，产品推出上市就如命运占卜；而互联网追求的是快速迭代和用户参与，周期短、风险小。因此，互联网思维中的迭代思维对于传统企业有很高的借鉴价值。

### 5. 流量思维

对于企业而言，在激烈的市场竞争中，高关注度就意味着高知名度，这样用户在消费的时候选择的概率就大。正如《连线》杂志第一任主编凯文·凯利在《技术元素》一书中所说："目光聚集之处，金钱必将追随。"这里的目光，就是指用户的关注。

当一个品牌源源不断地受到关注，它便成为一种"入口"，金钱自会随之而来，流量自会转化为商业价值。传统商业街的商业模式，人流量大的地方，门店的人流量自然就多，生意自然相对更好，房子的租金也就更高。同样的逻辑也适合于互联网，拿淘宝来说，店铺的排序直接影响了消费者的流量，消费者的流量决定了销售额的高低，所以可以简单地理解为淘宝就是互联网的商业街，同样淘宝的核心赢利模式就是商业街的赢利模式，只是把传统商业街房租收入模式搬到线上后，再发挥互联网作为工具的属性进行了消费的记录和评价，让数据在淘宝上面产生了更大的价值。这也就是为什么互联网公司的估值模式，很重要的指标就是流量，包括注册用户数量、活跃用户数、用户访问频率等。一个拥有1000万注册用户的互联网产品，没有任何盈利，也往往可以估值数亿美元。

流量思维，就是要能够意识到流量的重要性，并且知道如何获取流量，如何让流量产生价值。有了流量思维，便掌握了互联网思维下营销的一个重要方向——抓流量。很多互联网企业的营销重心基本都放在了流量上。企业创始人也开始成为自己企业的代言人，通过出席活动与各种演讲来抓住用户的眼球，不仅省了广告费，也带来了大把的流量。

通过流量思维来搞营销，一个明显的例子便是“免费”。互联网产品大多不直接向用户收费，而是通过免费策略极力争取用户，锁定用户。淘宝、百度、QQ、360都是依托免费起家，在积累了足够多的用户，即流量足够大的时候，才通过额外的付费增值产品或服务来获取利润。因此，免费只是营销的一种工具，其本质还是流量思维。

### 6. 平台思维

平台思维其实就是一种开放、共享、共赢的思维。在商业中，对于“平台”的概念并没有一个确切的解释。平台是在提供某种核心价值的基础上，能够将内部与外部、外部与外部联系起来的载体。平台通过连接消费和供给来创造价值，并不断进行自我完善。

平台思维的重点，在于打造一个完善的、成长潜能巨大的“生态圈”。它拥有独特的机制与运营规范，能最大程度地激励各个群体之间互动，从而达成平台企业的愿景。综观全球许多重新定义产业架构的企业往往会发现，它们成功的关键就在于建立起良好的“平台生态圈”。这个“平台生态圈”连接两个以上群体，弯曲、打碎了既有的产业链。

在互联网时代，随着远程、无线、多方协作成为可能，平台的作用愈发显得重要，就像淘宝一样，它就是一个供卖家建立商铺、供买家挑选商品的平台。在淘宝开店并不需要付费，卖家凭自己的本事赚钱。那淘宝作为平台怎么赢利呢？是靠增值服务与管理。这就联系到了之前的流量思维，作为平台，吸引到足够多的流量后，就可以开始通过提供增值服务将流量转化为收益了。

平台思维，其精髓就是打造一个多方共赢的生态圈。只有开放共赢，并且这个生态圈相对完善，才能吸引足够多的流量，这时候就可以依靠流量思维做好营销，获取收益了。

## 第二节 媒体趋势：碎片化、互动化与渠道化

互联网时代给我们带来三个趋势：

一是媒体碎片化的趋势，就是在当今这个互联网时代，我们的媒体已经高度地支离破碎，也就是说每天有太多的媒体在影响、关注我们，所以传播途径需要改变。

二是媒体互动化的趋势，传播方式需要改变。我们知道，互联网时代出现了很多新媒体，新媒体的互动性非常强，传播的方式需要改变。

三是媒体渠道化的趋势，销售渠道需要改变。

### 1. 媒体碎片化

我们每天都会被许多媒体所影响，比如电视是一个媒体，手机短信也是一个媒体，手机报也是一个媒体。我们坐公共汽车、出租车，椅背

后面也是一个媒体。每一个媒体都是一个广告的平台。

最早在广播没有出现之前，应该说没有广播这种广告形式，就只有书报、杂志等平面媒体。广播出来之后，它改变了世界。在只有广播、没有电视的时候，也没有电视广告的说法，结果电视机出现后，电视广告就成了非常重要的广告形式。现在，互联网时代来了，十年前我们根本无法想象在互联网上打广告，而今互联网广告已经是非常重要的媒体形态。

我们每天接触电梯广告、停车场广告、车内广告等各种广告，单是公交车就有车体广告、公交看板、公交拉手广告、公交椅背广告。有些公交车上还有液晶LED屏广告，公交车广播里面也会有广告，甚至公交车自己还有一些挂电视机的广告。

公交车看板广告，甚至公交车地面上也会贴上广告，公交车里还可能用喇叭播放一些广告，一辆公交车可能会有10种以上的广告形式。有些公司免费给出租车、飞机等提供椅套，但是椅套上要投放广告。各种广告形态名目繁多。

也就是说只要是能跟消费者接触到的地方，都可以见到广告，我们每天被各种各样的广告形态所影响。这么多的广告，媒体已经变得支离破碎，你可能在任何单一的媒体上投放广告，作用都非常有限。我们都听说过，以前秦池在央视打广告，效果非常好，客户每天开进去一台奥拓，出来一辆奥迪。那是以前没有互联网、没有各种新媒体，因此电视广告的效果非常好。

但是现在电视、报纸的广告效果大大降低。媒体的形态呈多样化，并向细分方向发展，报纸、杂志、电视、广播户外媒体、网络媒体都在抢占消费者的眼球。

中国网络广告占比的增长速度非常快。整个广告营销收入的规模，百度有40多亿元，谷歌有20多亿元，新浪和淘宝都有十几亿，它们在中国的广告市场占有非常大的比例。在过去可能打一些传统的广告便能收到良好的效果，但是新媒体来了，在报纸上打广告价格昂贵，效果却不比从前。

由此可以得出这样一个结论：传统媒体（杂志、报纸、电视）正在不断地被各种媒体瓜分，今天的品牌在新媒体的空间中变得异常脆弱。

互联网时代的到来为我们开辟了一条新路，所以未来一定要做网络媒体。网络媒体的性价比相对较高，消费者会被各种支离破碎的媒体所影响，而网络媒体将成为企业展开营销的主战场。

要小心媒体投放被浪费的情况。在传统的广告模式下，投放的广告可能会被浪费一半。在电视上投放广告，我们不知道受众是谁，消费者可能看到广告就转台，但是互联网广告可以精准地找到客户，因此必须掌握互联网新媒体的广告打法。

另外，必须考虑到新的阵地上去宣传。传统时代的成功，可能在互联网时代成为一种包袱。从前可能打打广告、做做地面推广、发发传单，就可以获得成功，但是在当今时代，消费者的决策依据发生了变化，他们可能会搜索、比较、分享，会在互联网上比价，因此一定要考虑在新的阵地上做宣传。

互联网在媒体中的重要性日益凸显，未来的客户都在网上，通过互联网找到客户，可能会成为低成本传播的最佳方式。现在有4.2亿的网民，这些网民可能都是你的客户，并且网民的增长速度会越来越快，所以要考虑在网上找到客户，这是媒体碎片化带给企业的改变。

### 2. 媒体互动化

YOU时代的来临，核心词是“用户产生价值”。

互联网蓬勃发展，Web2.0给我们带来了新的发展机遇。传统的媒体，比如报纸、杂志，无法植入本身的广告之中，但是在互联网时代，网民成为主角，网民创造了很多内容。

比如博客网站，博主自己写内容，如果编辑看到这篇文章不错，就可以把它推荐到首页，这就是网民产生的内容。还有论坛里网民发帖、跟帖，这都是网民自己产生的。

YOU时代的来临，第一个改变是注重交流。从前是“我说你听”，Web2.0时代变成了“你我交流”。第二个改变是注重交互。第三个改变是发动网民的参与。

麦包包是国内互联网时尚箱包的领导品牌，很少有一个电商网站可以专注某个领域的产品而获得领头羊位置。麦包包做到了，当然这不只是源于麦包包内在的产品性价比，更在于麦包包在微信营销方面的努力。

麦包包的微信公众号“粉丝”非常多，而且大都是忠实客户，其原因在于麦包包坚持真人互动，为用户送上人性化的解答；另外，每周一次的秒杀机会也成为了箱包电商网站微信营销的热点。

首先，我们来看一下真人互动，麦包包坚持做最人性化的微信公众号。麦包包坚持在每天早上9点到晚上11点时段全部都有真人在线为用户实现客服服务。用户有什么需要咨询的问题、了解的内容，都可以与人工客服进行一对一互动。

还有一点，麦包包客服在回答用户问题时，从来都不会是一副严肃、呆板的面孔，而是以一种幽默风趣的方式来互动，甚至还会经常发送一些好玩搞笑的头像和表情，让用户与客服之间能够有效达成一种朋友模式。

事实证明，人工互动可以有效解决用户存在的问题，为用户提供一个清晰明了的购物路径，最大程度帮助“粉丝”购物。

另外，麦包包还在微信上采取了每周三秒杀的营销活动。只要用户回复“秒杀”，就能看到本周秒杀的最新时尚产品。关于秒杀产品，麦包包推出了微信独享价，这个价格要比运用其他方式或渠道购物优惠至少30元。在秒杀政策中，麦包包不会采取较复杂的方式，如领代金券、礼品券编码、满额才能有秒杀资格等，而是直接采取微信价格秒杀活动，用户点击“立即抢购”就能快速秒杀。

秒杀活动让麦包包超过10万的微信“粉丝”蠢蠢欲动，他们每周都会守候在微信公众号的界面中，等待麦包包的秒杀。

在微信营销的实战中，其实最大的忌讳就是机器自动回复，尤其是用户在了解问题和咨询信息时，如果对方出现了一句又一句重复的官方客话时，用户会很反感，甚至还会因此放弃对企业的微信关注。

麦包包很早就发现了这个问题的严重性，于是在微信营销中，坚持人工互动，派请众多人工客服守候在电脑前，实时为用户提供每一个问题的解答。这种模式果真取得了非凡的效果，让更多用户对麦包包产生了良好印象。

另外，在优惠购物方面，麦包包作为一个箱包电商网站也依然没有放松。每周三的秒杀让超过10万的“粉丝”积极守候在微信上面，等待秒杀优惠产品。

麦包包的这些做法，只能让自身微信公众号更上一层楼，取得良好业绩。当然了，我们从中也总结出了领域专区电商网站在微信营销中的正确做法。

第一，人工互动更能取得用户的心。

任何营销方式的核心都是用户，只有赢得了用户的心，才能获得真实的消费群体，促使销售额度增加。微信营销作为一种新形式的营销理应如此，而人工互动正是麦包包这个电商企业在微信营销中总的做法。

以往的机器回复会让用户反感，而且也不能解决问题，因此麦包包跨出了本质性的一步，派请专业客服守候在电脑前进行人工服务，这种方式首先赢得了用户的好感，让用户可以深入了解自己，形成消费意识。有一家专卖尤克里里的网络小店，在微信公众号中就加入了人工服务互动，用户可以在线与店主实现无障碍一对一互动。

第二，每周举行秒杀活动，刺激用户定期消费。

麦包包利用每周三的秒杀活动来刺激用户守候在微信前，等待秒杀。这种方式可以促使用户形成定期消费的习惯，对微信营销来说是一个不错的方式。当然了，在这其中我们还应该注意一点：企业拿出来秒杀的商品，一定是最新产品，并且是物美价廉的。只有这样，才能真正持续吸引用户参与定期秒杀。

唯品会在微信公众号中也推出了每日精选，唯品会每天为用户精挑细选出几款最新潮、时尚的服饰，并且价格要远远低于市场价，而且微信用户独享。这种方式赢得了大批微信“粉丝”静候秒杀。

人工互动不但可以让用户对企业产生良好印象，获得解答帮助，从企业角度来看，由于其灵活性和主动性，企业还可以借助人工互动巧妙地引导用户来消费。

媒体互动化：注重交流。

经常上论坛的朋友就会发现，论坛回帖可能比帖子本身更好玩。举一个例子：

有一个人在论坛里发了一个胡言乱语的帖子，下面有一个人回帖说：“晕，现在精神病院也可以上网了。”

第二个，有一个丑男在网上发照片，长得丑就罢了，长得丑还出来发照片，还问：“我长得像不像伍佰。”网友回帖说：“只有一半像。”

还有炫耀财富的，在网上说："我有500万，你们说我买宝马好还是买奔驰好？"网友回帖说："你可以买500辆摩托车，再雇500个司机，跟在你后面出去，一会儿排成一个S，一会儿排成一个M。"

网友很有创意，回帖都非常好玩，当一个论坛有这样的帖子，有这样的互动时，我们会不会更爱上这样的网站？一定会的，上这个网站的人多了，就会有更高的点击率，而生硬的说教，可能就没有太多的网民参与。

媒体互动化：注重交互。

网上有一段视频叫《京城地铁惊现甩手机男》。这个视频其实是一个索爱手机的植入式广告。这款手机有一个保龄球功能，但它没有直接打广告宣传这个功能，而是通过偷拍的方式，说有一个人在地铁里玩游戏，把手机丢出去了，有人回复说："估计在玩保龄球，嘚瑟得甩出去了吧？"还有一个回应说："不是iPhone吧，iPhone没那么小，应该是索爱吧。"通过这样的广告，达到了非常好的宣传效果，并且还会引起网民和网友的自发宣传和传播，这就是这个广告巧妙的地方。

有一个网站，做了一个调查，调查全球7人神秘组织，你觉得哪个最神秘？七大候选神秘组织包括美国的中情局、英国的军情六处，俄罗斯的克格勃、德国的联邦情报局、法国的对外安全局、以色列的摩萨德，中国有一个机构也进入了此神秘组织，并且高达98%的评选率，那就是——"有关部门"。这是网络文化，中国的新闻报道里总是有"有关部门指出""有关部门要求""有关部门统计"一类的措辞，网友调侃说："这个'有关部门'太神秘了，神秘到我们都不知道是谁！"所以这个网站的参与性非常强。这一调查出来之后，就会有大量的人上去浏览，浏览量上去了，它的价值自然也就体现出来了，这就是媒体的交互性。

互联网时代，谁都知道互联网媒体的重要性，但是还要知道怎么样在互联网投放广告，需要投放互动式、交互性能发动网友参与的广告。

网络广告形态分很多种，包括品牌图形、固定文字链、分类、视频、电子邮件等，有两种形态在广告里占的比例是越来越大，一个是视频广告，另一个是富媒体广告。富媒体广告和视频广告形态特别能吸引年轻人，也提醒企业家在选择广告形态的时候要多考虑这种形式。

媒体互动化：发动网民参与。

“参与”主要是要强调一种体验的转变，要发动网民的参与，选美、游戏、投票、征集都是非常好的手段。打广告，也可以发动网民，比如做餐饮企业，完全可以在网站上做一个“最好的菜”的投票，投票以后就有可能发动更多的网友过来品尝我们的菜肴。再比如美容行业，完全可以评选“最好的发型”，投完票以后，可以免费做一款发型。

经典案例：三星显示器零门槛寻找代言人。

这个活动在一个半月的时间吸引了3.5万名女孩的关注，包括2008年世界小姐中国区的季军，还有快乐女生的很多选手，此活动大幅提升了销售量。

此次活动是挑选“绝色宝贝”。“绝色宝贝”有三个条件：第一是五官要非常漂亮，把照片发上来，放到三星显示器的框框里；第二是评选S型的身材；第三是评判她的配合度，包括代言姿态是否与三星显示器的特征吻合。这样就把三星显示器的漂亮、造型、内涵体现出来。可能有些网友是纯粹看美女的，有的是看显示器的，但是不管怎么样，看美女看多了，你可能会看显示器，这就是发动美女参与来提升自己的销售量。

在这里强调，互联网时代的传播更加强调互动性，企业的广告要想办法互动起来，即使明白了要去网上找客户，但是方法不对，也是白费工夫，所以广告要强调互动性。

### 3. 媒体渠道化

电子商务、互联网销售的规模越来越大。网络购物的销售规模达到数以千亿计，网络购物占社会商品零售总额的比例也在不断地提高，未来还会不断地增加。

电子商务为什么会这么火爆？就是因为互联网有自己的渠道属性。电子商务是一种新兴渠道，延长了传统企业的“手”和“脚”，由此驱动电子商务的爆发。

以上三个趋势都十分重要。媒体碎片化趋势、媒体互动化趋势以及媒体渠道化趋势是当今互联网最重要的发展趋势。

有了以上互联网时代的营销环境，那么网络整合营销的原则是什么呢？网络整合营销4I原则，即趣味、利益、互动和个性原则。

趣味（interesting）原则：有了趣味性，才能让网络营销更好地发展，很多网络事件，在互联网上引起了非常大的反响。

利益（interests）原则：网络是“江湖”，营销活动不能为目标受众提供利益，必然寸步难行。中国互联网习惯了免费，所以你一定要提供给网友有价值的资讯，包括信息、功能或者服务，包括实际的利益，要吸引网民到你的网站上来。

互动（interaction）原则：网络媒体和传统媒体的差异是它的互动性，网络媒体要特别强调互动参与。

个性（individuality）原则：互联网可以精确地锁定你的消费者，这是传统的大众广告做不到的，所以在互联网时代要注重个性原则。

最后要了解网上销售与传统销售的区别，传统销售运用的是AIDA模型，从关注，到兴趣，到渴望，到购买。传统的购买方式可能是先关注产品，这个产品有什么卖点可以引起顾客的兴趣；然后是促销员推销；

最后就是客户的行动了。

互联网时代的销售，它首先是关注一样东西，产品的卖点引起顾客的兴趣，之后顾客会搜索、比较，互联网上比价非常容易，搜索、比较之后顾客觉得不错，才可能会购买，购买之后顾客会分享他的经验，这是从AIDA到AISAS的模型，也就是说互联网的搜索和分享是对传统媒体的最好补充。

在互联网时代，没有一个企业大到不能够去挑战，也没有一个企业小到不能够去竞争。让我们一起来打造后“互联网+”时代赢利模式。

## 第三节　消费商模式：既是消费者，又是代理商

借助互联网思维，产品的营销可以与产品本身融为一体。互联网思维七字诀：“专注、极致、口碑、快”。互联网营销模式其实是与公司经营的其他方面密不可分的，都是互联网思维指导下的统一整体，传播、渠道甚至供应链的实现都蕴含着营销的实质。

消费商的模式，即既是消费者又是代理商，是移动互联网的主模式。

所谓消费商，即经营消费和消费群的商业人士。一直以来，我们对于传统商业的认知就是，只有经营者赚钱，消费者花钱，如果消费者也想赚钱，想参与商业利润的分配，在以前是不可想象的。但是，时代发展到了今天，在商品品类繁多、良莠不齐的背景下，以及信息技术发展和观念革新的背景下，消费者参与利润分配成为可能。

在当今的移动互联网时代，商人永远被认为是“王婆卖瓜，自卖自夸”，商家的宣传变得苍白无力；消费者经过广告的夸大宣传导向，被多次伤害之后显得迷茫，希望身边有经验的人给予指点；巨大的流通利润总是被少部分人赚取，贫富差距加大凸显分配不公平；消费者越来越

清楚“要想改变只有花钱的份儿，只有像经营者一样思维”，希望获得流通利润的分配资格；信息技术的发展，使每一个人都可以借助信息技术的力量做宣传和推广，达到经营的效果；拉动消费促进内需、加快经济发展成为商业经济的必然选择。

消费者终于进入革命式的变化时代，消费者终于也可以参与商品利润的分配了。只需要改变一下思维，做资源的整合者，找到更多优惠的消费渠道，找到更多迷茫的消费者，就可以做一个消费商，成就自己的经营梦想。

消费商首先也是一个商业主体，作为一个全新的商业主体，一定有它的独特之处。总结起来，消费商有以下几个特点：

（1）消费商带来的是全新的机会营销主义，它给予别人的不是产品而是机会。

（2）消费商主导的是“花本来就该花的钱，赚本来赚不到的钱”，带来的是一种全新的利润分配规则。

（3）消费商不需要大投资，没有员工也不需要管理，是零风险的一个商业主体。

（4）消费商只是在做一种（省钱+赚钱）机会的传播者，不负责具体的经营，是最佳的财富自由的经营者。

（5）消费商是一个最轻资产的商业模式。

（6）消费商可以是第一职业，也可以是第二职业。

（7）消费商带来的是一种消费革命，让消费者也参与了利润分配，让更多人成为消费商，分配更加合理。

（8）消费商将成为销售的关键主体，优越于原来的店铺，是互联网时代营销模式的最佳补充。

消费商是新经济背景下产生的一种新的商业主体身份，在消费商之前曾有传统经销商，后来出现直销模式产生直销商，进入电子商务时代产生网商，每一个时代新身份的产生都适应了不同人群的发展，同样都实现了不同层面人的价值。

很显然经销商是经营市场的人，需要大资金运作，而消费商只需要投资时间学习全新的商业概念以及使用自己本来就需要的产品（消费品），同时把使用产品的感受、体会、效果以及由此而引发的商业机会分享给更多的人，不需要运作资金。

然而，并不是所有合法直销公司的经营者都属于消费商，大部分合法直销公司的经营者属于以产品销售（零售）为导向的直销商，而只有引入消费商模式以生产消费者为导向的合法直销公司的经营者才属于真正意义上的消费商。

消费商既是消费者，同时也是经营者。因此，互联网思维下的营销模式，本质上是用互联网思维贯穿企业运营的各个方面：从传播的互联网化开始，最为显著的表现是网络营销；进而发展为渠道的互联网化，利用电子商务为营销铺路；发展到供应链的互联网化，则具备了满足个性化需求的能力，营销的层次更加深了一步；最后进化为整个经营理念的互联网化，完成营销的整个过程。

### 1. 传播互联网化

传播的互联网化，其实指的就是网络营销。互联网刚起步时，出现了门户网站、BBS等信息展示类产品，主要解决了信息不对称的问题。因此，最早的互联网商业应用就是网络广告。即使到了现在，网络广告依然是互联网公司重要的营销模式，这也是最容易实现的网络营销方式。

互联网发展到今天，信息展示的方式已从门户网站发展到社会化媒体，传播效率由低到高，沟通方式也由单向到双向。因此，借助现代化的互联网产品，如社交网站、搜索引擎、博客、微博、微信等工具实现传播的互联网化，是互联网思维下营销模式转变的第一步，也是最容易的一步。

### 2. 渠道互联网化

传统营销时代，消费品和零售行业的竞争，其核心都是在抢夺渠道资源。“得渠道者得天下”，其中一个重要原因是我国的流通体系不够发达和终端成本昂贵，使得厂商很难直接面对终端用户，必须借助渠道的力量来完成最后的产品交付。

随着互联网的日益普及，逐渐消除信息不对称，以及电子商务逐渐渗透到居民消费的方方面面，厂商得以直接面对最终消费者，渠道变得扁平化。

因此，互联网思维下，营销模式的第二层转变就是渠道的互联网化，主要指电子商务的应用。2003年是电子商务实质意义上的元年。第一波互联网浪潮之下的8848网站，生不逢时，当时的互联网环境和消费环境还难以支撑电商企业的生存。2003年之后，诞生的一批电商网站，如淘宝、京东才真正开启了全面电商浪潮。

然而，电商绝不仅是淘宝、天猫，理想状态应该是一种全渠道电商。“全渠道”即利用所有的销售渠道，将消费者在各种不同渠道的购物体验无缝地联结起来，使消费过程的愉悦性最大化。它既有电子商务固有的优势，如丰富的产品、搜索、比价、社群互动、顾客评价等，也有线下门店的优势，如体验、面对面的咨询沟通、更佳的环境氛围等。这也就意味着，品牌商应该在各个渠道、各个终端给消费者提供一致的消费体验。

单一渠道的营销模式渐渐显出落伍之势，在未来营销的主流应该是线上线下的协同，而线上线下同一价格是大势所趋。消费者的购买过程，是明确需求、寻求资源、建立信任、确定价值、挑选产品、进行交易、获得服务、再次合作的综合。因此，拥有不同的渠道，能够让消费者自由切换购买的全渠道购物是一种明智的选择。

### 3. 供应链互联网化

在互联网深度影响了传播和渠道环节之后，产品和供应链环节也开始被重构了。对于制造行业，用户通过互联网会越来越多地参与到企业的产品研发和设计环节，为企业决策做支撑。

对于服务行业，用户通过互联网会将用户体验的建议反馈到服务提供方，为服务优化提供支撑，例如通过大众点评给餐饮店的菜品提建议以促使其改进。

### 4. 经营理念互联网化

互联网思维的最高境界，就是用互联网思维去重构企业经营的价值链，也即经营理念的互联网化。

索尼公司CEO平井一夫曾经说过：“索尼不缺互联网思维，很多产品都有网络功能。最具代表性的是游戏产品，因为游戏要用网络来传输，我们的游戏下载平台有许多用户，我们在互联网产品上有经验和人才。”

从他的话中就可以发现，即使是曾经的巨头索尼公司，对互联网思维的理解也不够深入：产品具有网络功能并不代表公司具有互联网思维，产品通过互联网渠道销售也仅仅是互联网思维的初级阶段。

互联网思维是一个体系，是一整套的思考方式，而传统企业的互联网转型，在经历了传播互联网化、渠道互联网化和供应链互联网化之后，必然要经历整个经营理念的互联网化。也只有完成了整个经营理念的互联网化，才可能真正做到转型成功。

## “新时代企业成长书架”系列书

互联网风暴来袭，新的商业模式随着互联网的浪潮孕育而生，传统的企业管理与运营模式正在接受一场全新的洗礼与挑战。

基于当前企业管理运营中存在的疑点、难点、痛点，企业管理出版社与北京金师起点文化传媒携手国内经营管理的前沿讲师、学者及业内专家匠心打造了“新时代企业成长书架”系列书籍，包括“互联网+”产业升级书系、“互联网+”新商业模式书系、新资本时代书系、管理新思维书系、众创指南针书系等几大书系，并细分为资本运营、管理技能、市场营销、人力资源、生产管理、公司治理、创业之路、商业模式运营等多个选题出版方向。

“新时代企业成长书架”诚邀企业界、培训界及商界名流及专家学者加盟合作出版，共同打造出有料、有趣、有生命力的作品，惠及广大读者以及一线的经营管理者。